武士道

日本人であることの誇り

Ryuichiro Misaki
岬 龍一郎

SEIKO SHOBO

武士道　日本人であることの誇り

武士道こそ日本人のアイデンティティー［序として］

かつて日本は美しい国といわれてきた。

かつて日本人は礼儀正しい美しい民族といわれてきた……。

戦後七十余年を迎えた今日、日本の風土、日本人の姿を見るとき、われわれはいまでもそういえるだろうか。やはり「かつて」という冠をかぶせざるを得ないだろう。

あの高度成長時代のシンボルであった前回の東京オリンピック（昭和三十九＝一九六四年）前までは、いまだ日本のいたるところに唱歌「故郷《ふるさと》」に歌われたような山や川があった。それはアメリカともヨーロッパとも違う日本独自の風景だった。自然も人の心もおだやかで誰もが親切であった。人情もあふれていた。

だが、いま日本は美しいだろうか。東京は美しいだろうか。あなたの生まれた故郷は美しいだろうか。人の心は変わっていないだろうか。

われわれは戦後七十余年の歳月のなかで、何を得て、何をなくしてきたのだろうか。

たしかに戦後の日本は豊かになった。便利になった。一時的にせよ「ジャパン・アズ・ナンバーワン」と呼ばれる経済大国になった。だが、高層ビルが林立し、新幹線が走り、スマートフォンをたずさえ、インターネットで世界と結ばれるようになったからといって、われわれは本当の幸福を得ることができたのだろうか……。

それらはたんに「便利な生活」を送ることができるようになっただけで、果たして「いい人生」を送っているといえるのだろうか。われわれは物質文明万能の西洋社会をまねて、あの美しかった故郷の山を崩し、川を埋め、海や空を汚して機能的な街をつくってきただけではなかったのか。

もっとはっきりいうなら、われわれが過ごしてきた戦後の七十余年は、美しかった日本の伝統をいっさい捨て去り、すべてをアメリカ風にまねたにすぎなかったのではないのか。同時に、その機能的な生活は目に見える物質的価値観のみを大事にしたために、〝一億総成金の国民〟を生みだし、世界から「エコノミック・アニマル」という蔑称を与えられたにすぎなかったのではないか。

そして現に金権腐敗、構造汚職、悪徳商法、拝金主義、世はまさにカネ、カネ、カネである。それに比例して人情はなくなり、心はささくれだち、人々は非正規の仕事に労働の喜びもなく、あげくの果てが成人病にノイローゼ、そして過労死だ。そんな大人の社会を反映してか子供たちの世界では学校が崩壊し、いじめがはびこり、「カネ欲しさ」による殺人、恐喝、援助交際などという買売春まで起きている。

かつて福沢諭吉は『文明論之概略』の中で「文明とは人の身を安楽にして心を高尚にすることを言うなり、衣食をゆたかにして人品を貴くすることを言うなり」と述べたが、いまの日本人はその生き方を高尚にするどころか下品になり、かつてたしかにあった「礼節」を置き去りにし、人間の尊厳や栄辱《えいじょく》のなんたるかも忘れてしまっている。

西洋の「罪の文化」と比較されるとき日本は「恥の文化」といわれたものだが、日本人はその「廉恥心《れんちしん》」を失ったばかりか美徳といわれた「奥ゆかしさ」までなくしてしまった。

どうしてこんな日本になったのか……。

私はそれを個々人の「自律心」の喪失が原因だと考えている。「意志力」といってもよい。「かくあるべし」という理想のもとに、自分の心を律して生きる意志である。もっと端的にいえば、現代人の心から、人が人として守るべき「道徳」とか「修身」といった〝己《おのれ》を磨く〟ための教育が、社会からも家庭からも学校からも消えてしまったからだ。そのツケが現在の日本社会にまわってきたのである。

かつて戦前の学校や家庭では「修身」という身を修める教育や躾《しつけ》があった。あるいは人間が人間として守らねばならない「道徳」を厳しく教えられた。それは人間を育てるという意味の教育が「知育」「体育」「徳育」の要素から成り立っていたからである。ところが戦後教育では、この「徳育」だけがスッポリ抜けていたのである。

「道徳」や「修身」というと、いかにも戦前の古めかしい教育として、あの忌まわしい戦争に駆り立てた精神主義を思い出されるであろうが、本来の〝人の倫《みち》〟である道徳や修身が悪かろうはずがない。それは動物としての「人」を「人間」たらしめるものだったのである。

人は誰しも幸福を求め、より美しく生きたいと思っている。いかなる人でも軽蔑され、汚辱に満ちた人生など送りたくないはずだ。この差はなにで決まるのか。

これこそ己を磨く「修身」や「道徳」の差ではないのか。

儒教は、これを「仁・義・礼・智・信」（五常の徳《ごじょう》）、さらには「忠・孝」の七つの徳で説いている。

簡単にいうと、仁とは思いやり、義とは正義、礼とは礼節、智とは叡智工夫、信とは信頼のことであり、忠とは誠を尽くすこと、孝とは目上の者を大事にすることである。

ところが、明治になって国家が「忠君愛国」なる標語をつくったことから、いつしか「忠」は「忠義」「忠節」の部分だけが増幅され、軍国主義に利用されたことから、ＧＨＱ（連合国軍総司令部）がもたらした戦後の民主主義教育で徹底的に批判され、戦後社会から一掃されたという経緯《いきさつ》をもっている。だが、たとえそうであったとしても、「道徳」や「修身」は今日においても〝人の倫〟の本義であることには変わりない。それを姑息《こそく》に利用した戦前の政治が悪かったのである。

かつて日本には、先の「自律心」を「気概」という徳にまで高めた精神があった。「かくあるべし」という厳しい自己規律をもって行動の美学とした精神文化があった。それが「武士道」である。

武士道などといえば、いまの人には封建的な過去の遺物と見なされようが、果たしてそうか。たしかに武士道は、特権階級の武士が守るべき道徳律として誕生したが、その崇高な精神は時代の変遷とともに、社会の状況に呼応しながら、武士のみならず広く一般にも広がり、普遍的な日本人の倫理道徳観となったのも事実なのである。

たとえばクリスチャンであった新渡戸稲造《にとべいなぞう》は、近代日本の明治を迎えたとき、その伝統的精神である武士道を見直し、世界に向かって『武士道』という本を書いたが、その冒頭は次の文章で始まっている。

《武士道は、日本の象徴である桜花とおなじように、日本の国土に咲く固有の華《はな》である。それはわが国の歴史の標本室に保存されているような古めかしい道徳ではない。いまなお力と美の対象として、私たちの心の中に生きている。たとえ具体的な形はとらなくとも道徳的な薫《かお》りをまわりに漂《ただよ》わせ、私たちをいまなお惹《ひ》きつけ、強い影響下にあることを教えてくれる。

武士道を生み、そして育てた社会的状態が失われてからすでに久しいが、あの遥かな遠い星が、かつて存在し、いまでも地上に光を降り注いでいるように、封建制の所産である武士道の光は、その母体である封建制度よりも長く生き延びて、この国の人の倫《みち》のありようを照らしつづけているのだ》(『武士道』第一章)

それでは武士道とは何か——。

それを解明するのが本書の目的である。本書は、この新渡戸博士の『武士道』を底本に、あらゆる武士道論をまとめて私なりの現代的解釈をしたものであるが、武士道の精神とは一言でいえば、

「高き身分の者にともなう義務である」

すなわち武士は、直接的な生産に従事しない支配階級に属していたがゆえに、「正しい人の道」ともいうべき倫理道徳を身につけ、庶民になり代わって社会の平安と秩序を守り、「民の模範」となるよう、それを実践して生きることを義務づけられたものだったのである。

現代風にいうなら、今日の日本をリードする指導者層の立場にある人々が保持しなければならない〝上に立つ者の義務〟、つまり「ノブレス・オブリージュ」のことである。

それゆえに武士は、支配者階層の一員として、自らを律し、正義をモットーと

して、利欲に走らず、ひとたび約束した以上は命懸けでその言葉（約束）を守り、不正や名誉のためには死をもってあがなうことが義務づけられたのであった。厳しい掟《おきて》を守ったからこそ武士は「民の模範」となり得たのである。

いま荒廃たる日本人の現状を見るとき、われわれ日本人がなくした最も大事なものは、この精神のバックボーンではなかったのか、と思う。前述したように戦後日本の経済至上主義は効率主義を生みだしたが、そこにあったのは栄辱のなんたるかも知らず、ただひたすら「利欲」を求めたにすぎなかったのである。

いわば日本人全体が〝拝金教〟に狂い、その代償として人情はなくなり、心はささくれだち、あげくの果ては成人病にノイローゼ、そして過労死だ。いかに物質的に豊かになっても、精神の豊かさがなければ人は幸福にはならない。

賢明なる明治の先達たちは、それを知っていたがゆえに、開国によって怒濤《どとう》のごとく押し寄せた「文明開化」の嵐のなかで、日本伝統の精神を忘れないがために、「和魂洋才」なる思想でそれに対抗した。じつはその「和魂」こそ武士道精神だった。それは武士道が日本人のバックボーンであり、アイデンティティーだったからである。だが、戦後の日本人はこの「和魂」すら忘れ、顔のない日本人をつくりあげたにすぎなかったのである。

先日、ある外国の友人から、警察官僚たちの不詳事件を話題にされ、「あの美しきブシドーはどうなっているのだ」と問われたが、いまや外国人のほうが武士道の美しさを知っているのである。

かつて日本人はこんなはずではなかった。ふたたび〝美しき日本人〟といわれるためにも、先哲が築き上げた武士道を再確認するべきではないのか。

執筆の動機はこの一点にある。

かつて日本は美しい国といわれてきた。

かつて日本人は礼儀正しい美しい民族といわれてきた……。

その「かつて」を「いまも」の現在形に変えるためにも、日本人の文化遺産ともいえる武士道の精神をいま一度、再確認してほしいものである。

本書は、新渡戸稲造博士が著した『武士道』を底本として、あらゆる武士道論を網羅し、私なりの現代的解釈を付け加え、あらたなる時代の「新・武士道」を描いてみようというのが趣旨である。

なお、本書における引用文は、全般的に著者の解説を加え、所収本をもとに現代文に要約している。また新渡戸稲造『武士道』の引用文は、拙訳書（『武士道』岬龍一郎訳、ＰＨＰ研究所）を底本にしていることをお断わりしておく。

岬　龍一郎

平成二十八年九月吉日

武士道　日本人であることの誇り●

もくじ

第二章

新時代の日本人が求めた「明治武士道」

第三章

武士道の誕生とサムライたちの美学

第四章

武士道のバックボーンは「義」「勇」「仁」「礼」

第五章 「誠」「名誉」「忠誠」こそサムライの心髄

第六章
武士の教育と現代日本人の教育

終章
武士道は日本民族の文化遺産である

［装幀］――フロッグキングスタジオ

第一章

世界が讃える美しき精神像

武士道は消え去ってしまったのか

現代人にとって武士道などといえば、それは封建社会の主従関係を中心とした過去の精神だと、むしろ否定されるのがオチだろうが、果たしてそうか。

たしかに、武士道に結晶したその精神は、封建社会の消滅と同時にその主役たる武士階級がなくなるにつれ、近代国家を目指した日本人にとっては歴史的遺物とみなされるようになった。とくに戦後の民主主義社会においては、まさしく時代錯誤的な言葉として死語と化しているといってもよい。

ところが、われわれは今日でも日常会話のなかで、「彼はサムライだ」といったような表現を使っている。こうした会話に登場する「サムライ」とは、その人が封建的だとか、権威主義的だとか、時代錯誤的だとかのマイナスのイメージで使われているわけではない。むしろ、不正を許さない正義漢とか、筋をまげない信念の持ち主とか、決断力のある果敢な性格とか、責任感の強い人とか、肯定的な評価として使われる場合が多い。ということは、現代人のわれわれのなかにも、武士道を意識するとしないとにかかわらず、武士道精神の誇り高き残燭《ざんしょく》が残っていることを証明するもの、といえはしまいか。

たしかに武士道という言葉は消えた。だが、その崇高なる精神は時代の変遷《へんせん》とともに武士階級から広く一般の庶民階級まで浸透し、いまや忘れ去られようとはしているが、今日でも日本人の道徳規範の根源に流れている、ともいえるのである。

なぜなら、そもそも武士道とは「人としての正しい道」を目指した普遍的な人倫の思想であり、それゆえにこそその精神は日本の長い歴史のなかで、たんに武士階級のみにとどまらず、広く一般の人々の倫理として受け取られてきたからである。それは「人としての正しい道」に武士とか町人とか百姓とか、そんな区別があろうはずがないからだ。

したがって、その崇高なる精神は過去の遺物どころか、今日にあってもなお、日本人が外国人に誇りうる美的精神だったといえるのである。

司馬遼太郎の問い「人間はどう行動すれば美しいか」

たとえば平成八年（一九九六年）に惜しまれて他界した司馬遼太郎は、現代人が忘れてしまったこの武士道精神を、歴史上の人物を通して想起させてくれた作家であったが、その彼がこんなことを言っている。

「われわれがこれが日本人である、といって外国に誇りうる美的精神像は、いまなお侍というものでしかない。(中略) それはたとえばわれわれが英国社会をみてそれが英国人であると、感嘆するとき、彼がたいていサー(貴族) の出身であることを思えばいい。人間、どう振る舞い、どう行動することがもっとも美しいか、という精神の美意識のありかが、人のもっとも肝要なものだということは、いつの時代のどの社会も変らない」(『歴史と小説』所収「日本史のなかで暮らして思うこと」)

と、サムライのもっていた美的精神像、つまり武士道こそが、いまなお日本人が外国人に誇りうる精神であり、こうした行動の美学はいつの時代でも、どの社会でも変わるものではないというのである。

では、美的精神像の中身とはなんなのか。司馬さんは別のところで、こう語っている。

「戦国から幕末に到るまでの日本人は、人間というのはどう行動すれば美しいのかということばかり考えてきたような感じがありますね。(中略)『人間はどう行動すれば美しいか』であって、『どういうふうに成功するか』ではないんです。(中略) 幕末になると、『聖人は成敗《せいばい》利潤《りじゅん》を問わず』という行動主義者が現われて、ただ自分の行動を美しくするということだけで出てくる人間が現われてくる。それは日本人の特殊性というよりも、むしろいわゆる江戸教養時代が、三百年続いたとしたら、その三百年の縮図みたいなものが幕末に出てきているんではないか、そういう感じがするんです」（前掲書所収「維新の人間像」）

司馬遼太郎のいうところの美意識とは、「聖人は成敗利潤を問わず」とあるように、事の成功や失敗、あるいは儲かるとか損するとかいった、そのような利害打算とは関係なく、自らの「志《こころざし》」に生きた人間、ということである。いわば司馬さんは、江戸三百年の教養主義がもたらした、そうした美意識を貫いた男たち、すなわち坂本龍馬、吉田松陰、高杉晋作、大村益次郎、土方歳三、河井継之助などの〝漢《おとこ》の美学〟を描くことによって、国民作家の地位を築いたのであった。

「聖人は成敗利潤を問わず」という言葉は、中国・後漢末の仲長統《ちゅうちょうとう》の言った「男子たる者、安危を問わず、打算に走らず、志に生きる」から派生した言葉であるが、中国ではこの精神をもつ者を「士大夫《したいふ》」といい、日本では「武士」といったのである。「士」とは「清廉にして志に生きる者」のことをいう。

もちろん士大夫と武士は同じではない。士大夫は最初から行政官であったが、その実態は学者・文人に近く、日本の武士は軍人であると同時に行政官であった。が、この両者は指導者層にある者として、精神的な価値観の牽引車《けんいんしゃ》であり、文化の担い手であったことには変わりない。とくに江戸期の武士は「文武両道」のもとに武と徳を積み、詩文をたしなみ、教養を高めることを要求された。こうしたサムライとしての高潔なる精神を保つために、武士道は一層の磨きをかけていったのである。

ブロードウェイを行進したサムライたち

では、江戸三百年の教養主義に鍛えられたサムライたちが、どれほど〝美しき日本人〟であったのか。論より証拠。まずは外国人から見て、これぞ〝武士道の結晶〟と賞賛をあびた歴史的事実から話を進めていこう。

時は万延元年（一八六〇年）、明治政府が誕生する八年前の春、五月のことであった。江戸幕府が日米修好通商条約の批准のために、はじめて外国に派遣した「遣米使節団」の一行が、はるばる太平洋を渡って、ニューヨークのブロードウェイを行進していた。

すでに使節団はワシントンで米大統領ブキャナンと会見し、そのニュースはアメリカ全土に広がっていたので、ブロードウェイは「東方の神秘なる国から来た日本人」を一目見ようとする市民たちで、黒山の人だかりであった。

使節団は、正使である新見正興《しんみまさおき》を筆頭に、副使村垣範正《むらがきのりまさ》、目付小栗忠順《おぐりただまさ》ほか数十人。彼らはニューヨーク市がお膳立てしてくれた四輪馬車に乗り、正装である紋付き袴をつけ、腰に日本刀をさげて、歓呼のなかを粛々と行進した。

アメリカ人たちはそれ以前に東洋人として中国人を見ていたが、日本人を見るのはこれが最初だった。彼らは、顔をまっすぐ正面に向け、背筋をピンと伸ばした毅然《きぜん》たるサムライの姿に、他の外国人とはくらべることのできない〝気品のよさ〟を発見するのだった。

その黒山の観衆のなかに四十一歳になるウォルト・ホイットマンの姿があった。彼は日本でも『草の葉』で知られる詩人だが、その彼が、その日見たサムライの感想を『草の葉』の中に書き残していたのである。

「西の海を越えて遙か日本から渡来した、頰が日焼けし、刀《かたな》を二本手挟《たばさ》んだ礼儀正しい使節たち」（岩波文庫・酒本雅之訳）で始まるその詩は、タイトルを「ブロードウェーの華麗な行列」（「A BROADWAY PAGEANT」）といい、彼ははじめて見るサムライの印象を、考え深げな黙想と真摯《しんし》な輝く目であったと、最高の賛辞を贈っているのだ。

ホイットマンは日本人を詩にした最初の欧米人であったと思われるが、その印象は多くのアメリカ人が共有したものであったろう。なぜなら、彼らは未開の野蛮国としか思っていなかった日本人が、これほどまでに堂々と、礼儀正しく、気品に満ちた姿で行進するなどとは考えてもいなかったからだ。精神はその人の目つき、顔つき、挙措動作《きょそどうさ》に表れるとされるが、アメリカ人はその毅然たる態度に度肝を抜かれたのである。

おそらく、この行列は後世のわれわれから見ても驚嘆に値するものといえたであろう。というのも、疲弊するばかりの国家経済に気概を失い、民族としての目標をなくしてしまったかのようにさえ見える日本人が、いまふたたび同じようにブロードウェイを行進したとしても、これほどの賛辞を得ることなどできるとは思えないからだ。

諸外国から「停滞国家」と揶揄《やゆ》される現在の日本人にとって、遣米使節団のような毅然たる挙措動作など、いまや遠い昔のお伽噺《とぎばなし》になってしまっているのである。

庶民にまで及んでいた日本人の高貴さ

遣米使節団から今日まで百五十余年……。どうして、あの〝美しき日本人〟が〝醜い日本人〟へと変わってしまったのか。時の流れが変えたのか。いや、そうではあるまい。それは「美しく生きよう」とする意志が現在の日本人からなくなってしまったからである。

意志とは「かくあるべし」と思う精神力のことだ。「志」あるいは「理想」といってもよい。いわばそれが人としての人格をつくり、歴史を切り拓《ひら》き、文化としての「型」を作ってきたのだが、今日の日本人はそうした意志すら忘れ、その行動を内面から支える倫理観や道徳観など過去の彼方へ置き去りにしてしまっている。となれば、美しき挙措動作など生まれるわけがないのである。

あえていっておくが、なにも遣米使節団だけが特別に洗練されていたわけではない。長き封建制度のなかで幾多の風雪に鍛えられた武士道の精神は、武士のみならず一般の人々の日常生活に溶け込み、たとえ貧しくはあっても、礼儀正しく、気品に満ちた姿を築き上げていたのである。

疑う人がいれば、ためしに歴史の本をひもとかれるがよい。織豊《しょくほう》時代に来日したスペイン人やオランダ人、幕末から明治にかけて日本を訪れた欧米諸国の外国人たちの記録を一読すれば、そこには日本人の節度ある態度や清潔な暮らしぶりに、驚嘆の声をあげている様子をうかがい知ることができるはずだ。

たとえば、織豊時代の天正七年（一五七九年）に来日した、ナポリ出身のキリスト教巡察師ヴァリニャーノは『日本巡察記』の中で、こう述べている。

「（この国に住む）人々は、きわめて礼儀正しい。一般の庶民や労働者でも、この国では驚嘆すべき礼節をもって上品に育《はぐく》まれ、（中略）この点においては、東洋の他の諸民族のみならず、われらヨーロッパ人よりも優れている」

あるいは、時代が下った幕末の万延元年（一八六〇年）。プロイセン（現在のドイツ）から来訪したラインボルト・ヴェルナーも、整然たる江戸の風景を見て、『エルベ号艦長幕末記』の中でこう記している。

「はじめて江戸の街路に出たとき、わたしは思わず広州（中国）と比較してみた。（中略）街路、民衆、家屋を一瞥《いちべつ》しただけでも、日本人と中国人はけっして同じ人種に属しておらず、しかも同一の文化段階にも立っていないことがわかった。日本は中国をはるかに凌駕《りようが》している。（中略）なんと道路の美しいことか。それらは道路に面した家屋の持ち主によって日に二度も三度も掃除されている。このことはアジアの都市ではいわずもがな、ヨーロッパの都市でも見られない風景である。それらの状況だけでも、すでに日本民族が進んだ文化段階にあることを推測させてくれる」と。

つまり、幕末における日本の文化水準は、当時の文明先端国といわれたヨーロッパよりも高かったと述べているのである。

武士道を心から愛した外国人たち

　もちろん、その文化水準はなにも景観の話ばかりではない。明治維新の前年にイギリスの日本公使館付き武官として来日したフランシス・プリンクリンによれば、彼は、ある日、偶然にも武士同士の〝果たし合い〟に出くわし、勝ったほうの武士が刀を納めた瞬間、先ほどまで敵として戦っていた相手に、自分の羽織をもって遺体を覆い、ひざまずいて合掌する姿を見たとき、武士道の高貴さを知ったとして、こう述べている。

「来日した途端にヨーロッパの中古時代に似た日本の風物に接し、まず驚きの眼を見張り、そして次には日本人の礼儀正しい姿に魅了された。敵に対してこれほどまでの美しき光景を見るのははじめてだった。そのことがあって私は衷心《ちゅうしん》から日本人に愛着を感じた」（『近代文学叢書』所収）

　プリンクリンは、それ以来すっかり日本びいきとなり、本国から再三の召還があったにもかかわらず、日本永住を決め、四十五年間もの長きにわたって日本の誠実な友人としての生涯を送ったのである。

そして彼は、長年の日本在住で、日本人が誠実でけっして好戦的な民族ではないことを知ると、あの日露戦争が勃発《ぼっぱつ》したときは、ロンドンタイムスの日本通信員となって、日本を擁護し、紙上で「日本武士道論」を発表したほどだった。これを読んだロシア皇帝のニコライ二世は「日本民族がいかなる民族か、これによってはじめて知った。日本を深く研究しなかった露国開戦論者の軽挙妄動を憤慨する」と、嘆いたといわれている。

日本を愛した外国人はプリンクリンのみではなかった。『一外交官が見た明治維新』の著者として有名なアーネスト・サトウもそうであったし、小泉八雲として知られるラフカディオ・ハーンも大の日本びいきであった。そうした記録は維新後、続々と来日した〝雇われ外国人〟たちの手記を見れば、枚挙にいとまがないほどあるのである。

戦後の歴史教育において、武士が支配した封建社会といえば、理不尽な身分制度のもとで飢えと貧困に苦労した暗黒の時代だったと多くの現代人は思っているようだが、それは一面であって、精神文化は現在よりも高度だったといっても過言ではないのである。

ではなぜ、かつての日本人は封建社会にあって、これほどまで〝美しき日本人〟であり得たのか。逆にいうなら、なぜわれわれ現代人は、文明社会にあって自由と豊饒《ほうじょう》を甘受しながら、〝醜いニホン人〟と呼ばれるようになってしまったのか。私はいまさらながら、そのギャップに驚くのである。そして、その差を生みだした違いはどこにあるのか、といったことをつらつら考えるとき、私はそこに「人倫の道」を厳しく説いた普遍的な倫理観、すなわち武士道精神の存在の有無を見てとるのである。

高き身分の者にともなう義務（ノブレス・オブリージュ）

では、かつての〝美しき日本人〟を築き上げていた武士道の精神とは、どのようなものであったのか。まずは概略的に、武士道精神を体系化した名著として名高い新渡戸稲造の『武士道』から、その冒頭の部分を引用してみよう。

《武士道は、日本の象徴である桜花とおなじように、日本の国土に咲く固有の華《はな》である。それはわが国の歴史の標本室に保存されているような古めかしい道徳ではない。いまなお力と美の対象として、私たちの心の中に生きている》（『武士道』第一章）

と、武士道を日本の象徴たる桜花にたとえ、力と美をかねそなえた生きる対象である、と言っている。

そして、それを表すかのように原著『武士道』の表紙には、本居宣長のあの有名な歌、

しきしまの　やまとごころを人とはば
朝日ににほふ　山ざくらばな

が朱色で刻まれている。すなわち新渡戸博士は、「桜」が日本を象徴する花であるように、武士道もまた「大和心《やまとごころ》」を象徴する精神とみなしていたのである。

いうまでもなく武士とは、サムライのことで、主君の身辺警護に「侍《さぶろ》う」という言葉から転じたものである。したがって彼らの本分《ほんぶん》は戦いを職業とする軍人であった。だが、やがて戦いがなくなる平和な江戸時代を迎えるに至って、武士は軍人から行政官へと役割を変え、多大な栄誉と特権をもつ代わりに、特別の「義務」と固有の「精神的価値」を育て上げていった。武士道の発祥はここに起因する。簡潔にいえば、武士道とは武士がその職業的任務において、また日常生活において〝守るべき道〟のことである。

具体的な武士道の精神は後の章で詳述するが、その本分を新渡戸は、「一言でいえば」と断った上で、

「武士の掟《おきて》、高き身分の者にともなう義務である」

と定義づける。すなわち武士は、直接的生産に従事しない支配階級に属していたがゆえに、「正しい人間の道」ともいうべき倫理規範を身につけ、庶民になり代わって社会の平安と秩序を守り、「民の模範」となるよう、それを実践して生きることを義務づけられたものだった、というのである。

今日流にいうなら、現在の日本をリードする指導者層の立場にある人々が保持しなければならない、〝上に立つ者《エリート》の義務〟といってもよいだろう。

もちろん、この「高き身分の者にともなう義務」は、なにも日本人だけにあるものではない。当然だろう。古今東西を問わず、君主政治であろうと、民主政治であろうと、それを中枢で堅持するのは選ばれたエリートたちの「見識」「人間的素養」「道徳的気風」にかかっており、それが欠けたらいかなる体制も内部から崩壊するからである。

別言するなら、治世のシステムというのは、いかにこのエリートを育てるかにかかっているともいえる。江戸時代でいうならそれを支えたのが武士であり、その精神が武士道だったのである。

同様の精神は、中国における「士大夫」も、西洋における「騎士道」も、イギリスにおける「紳士道」もその基本は同じである。とくにフランスでは、この精神を「ノブレス・

オブリージュ」(「貴族は義務を負う」)なる言葉で表現している。

ノブレス・オブリージュという言葉は、最近しばしば見受けられるようになったので少し説明しておくと、その原意は、貴族ないしエリートたる者は、その名にふさわしく強靭《きょうじん》な体と精神を維持し、つねに高貴な態度で振る舞い、庶民の上に立つ者として、彼らの生命と財産を守るために戦う義務を負う、というものである。武士道とまったく同じ概念といってよい。

もともとこの言葉は、フランスの文学者レヴィン公(ガストン・ピエール・マルク)が、『諸種の主題についての格言と省察』の中で、「名家の父祖の武勲を誇りとする民衆がある限り、子孫たる者はその名残が期待されていることを知らねばならない。(中略)しかるに、貴族は義務を負う」と使ったのが最初である。いわば貴族はその称号を受け継ぐ以上、家名をはずかしめてはならないとの自戒の意味で使ったのが原義であった。

やがて、それをスペインの哲学者オルテガが、自著『大衆の反逆』(一九三〇年刊)の中で、自らに義務を課する高貴な生き方として、ノブレス・オブリージュの復権を主張したことから、現代のエリートたちが使命として守るべき義務として頻繁に使われるようになったのである。

したがって、こうした義務や責任は、指導者層として上に立つ者、すなわちエリートがエリートたるべき義務として保持しなければならない精神（エートス）として誕生したものだったといえる。

現代日本人がたしかに受け継いでいる武士道

とはいえ、日本における武士道の精神は、なにも武士階級のみの、つまりエリートたちだけの専売特許ではなかった。ここが素晴らしいのである。

前述したように、武士道は長き封建社会のなかで武士階級の道徳規範として生まれたものであった。が、その崇高なる精神は、時代の推移にともない、社会の状況に呼応しながら、広く一般庶民にも伝播《でんぱ》し、とくに江戸時代の後半あたりからは日本人全体の普遍的な「人の倫《みち》」となっていく。だからこそ前出したような〝美しき日本人〟をつくりだしていたのである。

これはむしろ当然だったといえる。たとえば、われわれは島崎藤村の『夜明け前』の主人公・青山半蔵が、庄屋階級の出でありながら正義の行いとして討幕運動に参加したことを知っているし、死を覚悟して百姓一揆の先頭に立った佐倉惣五郎を代表とする〝義民〟といわれた人々がいたことも知っている。あるいは二宮尊徳（金次郎）が貧しい農民たちの生活を救うために、武士になり代わって近世農業の指導者となったことも知っているし、伊能忠敬という一介の商人が、艱難辛苦《かんなんしんく》のすえ日本で最初の実測地図を完成させたことも知っている。彼らはいずれも武士ではなかったが、武士にもまさる奇特な精神をもち、世のため人のためにと生きたのである。

いや、その精神はなにも過去の歴史のなかにだけ存在するものではない。たとえば新渡戸博士は武士道の基本的な精神の一つに、

「勇猛果敢なフェア・プレイの精神」

というものを挙げている。すなわち、不正や卑劣な行動を自ら禁じ、死をも恐れない正義を遂行する精神である。それゆえに、その裏返しとなる行為は「卑怯者《ひきょうもの》」「臆病者」というレッテルを貼られ、武士にとっては最大最高の侮蔑的な言葉となった。

同様に今日、われわれが卑怯者、臆病者といわれることを、人間として最も恥ずかしい行為として感じるのも、つまりはそこに幾多の歳月をかけて培われてきた武士道精神を、遺伝子として所有している証拠ともいえる。だからこそ新渡戸は「いまなお、私たちの心の中にあって、力と美をかねそなえた生きる対象である」と言ったのである。

この章の冒頭に述べた「彼はサムライだ」という言葉にしても、あるいは時として使われる「恥を知れ」という言葉も、そのもとは武士道から派生したものであり、こうした精神をもっている人々によって、この世はどうにか節義が守られ、健全さを保っているのである。ということは、武士道は過去の遺物というよりも、現代人のわれわれのなかにも、意識するとしないとにかかわらず、いまだその底流に誇り高き残滓《ざんし》として残っていることを証明しているといってよい。

内村鑑三『代表的日本人』が解いた武士道

さて、この美的精神像をこよなく愛し、司馬遼太郎いうところの「日本人の誇りうる精神」として外国に紹介した人物がいる。それが日本的キリスト教徒の先駆者として有名な内村鑑三であった。

内村鑑三は一般的には、教育勅語の奉戴式で敬礼をこばんだ不敬事件（明治二十四＝一八九一年）の人物として、あるいは日露戦争で非戦論を唱えた平和主義者として知られているが、じつは彼ほど武士道を愛し、生涯サムライ的な矜持《きょうじ》を保って生きた人はいなかった。現に、彼の回心への自叙伝『余は如何《いか》にして基督信徒《キリスト》となりし乎《か》』によれば、「自分の場合、武士道という精神的土壌が、接木《つぎき》における台木《だいぎ》となり、その台木に基督教が接木されたにすぎない」と告白しているほどである。

その彼に『代表的日本人』（鈴木範久訳・岩波文庫）という名著がある。じつはこれこそ内村鑑三が熱き思いを込めて、「武士道精神ここにあり」と、外国人に向かって英文で紹介した本なのである。

取り上げられた人物は、西郷隆盛、上杉鷹山《ようざん》、二宮尊徳、中江藤樹《とうじゅ》、日蓮上人の五人。尊徳や日蓮を武士とするのはどうかとの意見もあろうが、内村は、いずれの人物も〝サムライ魂〟の保有者として、キリスト教の聖人や殉教者にも劣らぬ人物であった、と誇っている。武士道のなかに「日本人の崇高なる道徳律」を見つけだしていた内村にとって、尊徳の篤実や日蓮の献身は、武士にも劣らぬ武士道精神の表現と見ていたのである。

なぜ、内村はこの本を書いたのか。

むろん理由がある。じつはこの本は明治二十七年（一八九四年）、日清戦争のさなかに、外国人に向かって書かれたものだったのである。当時の日本は、維新以来の目標であった富国強兵路線を着実に邁進《まいしん》し、明治二十二年（一八八九年）に大日本帝国憲法を発布、ついで翌二十三年に第一回帝国会議を開催して、やっと欧米列強に伍する「国家」の体裁を整えたばかりであった。だが、やがて明治二十年代中頃になると、欧米列強をまねた帝国主義的発想のもとに領土拡大をねらい、朝鮮半島をめぐって清国（中国）やロシアと角逐《かくちく》する関係となっていた。

維新からわずか二十数年、東の果てに位置する黄色人種の国が、猛スピードでいまや西欧列強に伍《ご》する国となっている。当然、諸外国から驚きとともに、「日本人とはいかなる民族か」との日本人論が起きた。おそらく当時の内村は、外国人たちから「日本人は好戦的な民族ではないのか」と誹謗《ひぼう》中傷されることがあったのだろう。

そこで内村は、これらの非難に対して、「日本にはこんな素晴らしい偉人がいるんだ」との思いで、世界に向かって紹介したのが、この本だったのである。だから英文であらねばならなかったのだ。

「日本を世界に向かって紹介し、日本人を西洋人に対して弁護するには、いかにしても欧文をもってしなければなりません。私は一生の事業の一つとしてこの事をなしたことを感謝します」と、内村は語っている。

この思いは内村だけのものではなかった。じつは先の新渡戸稲造の『武士道』も、『代表的日本人』より遅れること六年後の明治三十三年（一九〇〇年）、同じく英文で書かれたものだった。新渡戸の『武士道』が書かれたいきさつについては次の章で詳述するが、要するに二人とも愛国心に駆られ、日本人の「誇りうる精神」として武士道を世界に向かって紹介したのである。

内村は武士道について、こう語っている。

「自分は、何が宗教であるかを、基督教外国宣教師から学んだのではなかった。(中略)武士道――。日本では、この日本の道徳で十分であった。それは基督教より高いとか偉大であるという性質のものではない。それはこの世の一つの道徳にすぎない。武士道は万邦無比であり無類であり天下無類ではあるが、しかし人間に回心をもたらすことはできぬ。(中略)だが武士道は、基督教の律法に劣らぬ掟《おきて》をもって、神のことばをよき実に育てるところの土壌である。それは、神の恩恵のもと、純一無雑の心により、主たる神を、ひとりわが神たらしめるところの鉄石の精神である」

こうして内村は「日本人の道徳」として武士道をとらえ、その武士道精神の体現者として先の五人を書いたのである。

大正十年(一九二一年)の日記によると、内村は『代表的日本人』改訂版の校正をしながら、上杉鷹山と二宮尊徳をならべて、一層その思いを強くし、こう評している。

「今日、上杉鷹山の分を終わり、二宮尊徳の分を始めた。いまより二十八年前にこの著をなして置いたことを、神に感謝する。真の日本人は実に偉い者であった。いまの基督教の教師、神学士といえども遠くおよばない。米国宣教師等に偶像信者と称《よ》ばるるとも、鷹山や尊徳のような人物に成るを得ば、沢山《たくさん》である。余はある時、基督信者たることをやめて、純日本人たらんと欲することがある」

内村は彼らをキリスト教徒にあらざるキリスト教徒として絶賛し、そうした〝真の日本人〟になれるのならば、キリスト教徒であることをやめてもよい、とまでいうのである。紙数の都合上、この本の詳細な紹介ができないのが残念だが、日本的キリスト教の開祖である内村が、どれほど武士道を愛し、誇りに思っていたか、如実に理解できる本である。

西郷隆盛こそが「武士の最大なるもの」

では、そうしたなかにあって、武士道精神の具現者として、誰が最も〝美しき日本人〟であったかということになるが、衆目の一致するところ西郷隆盛を挙げる人が多い。

それは西郷が明治維新の偉勲者だったからというのではなく、生き方そのものが〝武士道の結晶〃といえる信念によって貫かれていたからである。

同時代の黒田清隆（第二代内閣総理大臣）などは、「その本質は、多分にして哲学的で、高士とか仁者の人であった」と最高の評価を与えているが、これはむしろ当然の評価で、黒田は西郷と同郷の後輩である。

私があえて西郷を〝美しき日本人〃の代表者として挙げているのは、西郷の崇拝者が武士階級だけではなかったことだ。明治期をともに生き、立場や思想を著しく異にする人々からも、その人格を大いに賞賛されているからである。

その代表者が先の内村鑑三である。彼は前出の『代表的日本人』で西郷隆盛をその筆頭に挙げたばかりか、「武士の最大なるもの、また最後のもの」と絶賛し、次のように記しているのだ。

「まず、西郷ほど生活上欲望のなかった人は、他にはいないように思われます。日本の陸軍大将、近衛総督、閣僚のなかでの最有力者でありながら、西郷の外見は、ごく普通の兵士と変わりませんでした。西郷の月収が数百円あったところ、必要とする分は一五円で足り、残りは困っている友人ならだれにでも与えられました。東京の番町の住居はみすぼらしい建物で、一ヶ月の家賃は三円であったのです。その普段着は薩摩がすりで、幅広の木綿帯、足には大きな下駄を履くだけでした」

と、維新の偉勲者としてより、その生活態度と人生観に惜しみない賛辞を贈っている。

武士道の徳目の、その極致の一つに「無私無欲」というものがあるが、内村はこれをいうのである。

事実、西郷は自分のことはあまり考えない人であった。明治維新の最高最大の偉勲者だったので三条実美《さねとみ》太政大臣（いまの総理大臣）につぐ高給取りであったが、彼はそのほとんどを「わが輩一人で維新を成功させたわけではない」と、生活に困っていた仲間たちに分配していたし、それればかりかその高位高官すら断り続けていた。その点については司馬遼太郎が『「明治」という国家』（NHKブックス）の中で、こう触れている。

「彼（西郷）は超人的な無私の心がありました。（中略）この人物にとって、権力欲は、小さなものでした。人を狂わせるという欲望を、かれはその巨大な意志力で押しつぶしていました。（中略）西郷は、明治二年、功によって賞典禄二千石をもらっただけでした。正三位《しょうさんみ》の位をもらいましたが、（それすら）半年以上かけてこれをことわりました」

正三位とは、江戸時代でいえば大大名《だいだいみょう》の位階である。維新の功労者のなかでも最高のものので、その働きからして当然ともいえるが、西郷はこれを固辞した。なぜか。それはその位階が自分の藩主（島津忠義）より上位だったからである。

世界史的に見て、革命側のリーダーが新政権の首領にならなかった例はきわめて稀有《けう》なことだが、西郷は維新を成功させたあと即座に下野してしまった。西郷にすれば維新を興したのは「公《おおやけ》」のためであり、自分の立身栄達を求めての「私《わたくし》」のためではなかったからだ。ましてや、それによって藩主以上の位につくなど情義において忍びなかったのである。いわば西郷は最後まで武士としての節義を守り、一介の武士としての本分をあくまで貫いたのである。

われわれは西郷といえば「子孫のために美田を残さず」といった言葉を思い出すが、その言葉通り、彼は武士道の極致ともいうべき無私無欲の精神を自らの信条として生きた人だったといえる。だからこそ、多くの武士がこの西郷の人徳に魅《ひ》かれ、彼のためには命を捨ててもかまわないとの気概をもつことによって、明治維新が成ったともいえるのである。

『南洲翁遺訓』にちりばめられた西郷の思想

話のついでに、では西郷の高潔なる人格を形成していた信条とはなんだったのか。あるいは西郷を西郷ならしめた思想とはどのようなものであったのか。

それが有名な「敬天愛人《けいてんあいじん》」という四文字である。

「道は天地自然の物にして、人はこれを行うものなれば、天を敬するを目的とす。天は人も我も同一に愛し給うゆえ、我を愛する心をもって人を愛するなり」

これは『南洲翁遺訓』に残されているものだが、西郷は、天を敬い、人を愛することを生活信条の中心に置いて、究極の無私無欲の信念を築き上げたのである。すなわち西郷の相手はつねに「天」であり、天に対して恥じない行動をすることだった。それを端的に表すのが次の遺訓である。

「人を相手にせず、天を相手にせよ。天を相手にして己を尽くし、人を咎《とが》めず、我が誠のたらざるを尋ぬべし」

この一文は『論語』にある、「天を怨《うら》まず、人を咎めず」から取ったと思われる。「天」とは中国思想の根本をなすもので、キリスト教における「神」にあたる存在である。

思い起こせば、われわれも幼い頃、両親や祖父母から「オテントウ様が見ているから、悪いことをしてはいけない」と教わってきたが、あのオテントウ様は太陽との意味もあるが、本当は「御天道様」だったのである。

「天が見ている」あるいは「天を畏《おそ》れる」という発想は、目に見えない〝絶対者〟への畏れであり、ひいてはそれが内なる道徳律の根本となっていたのである。苦悩の文学者であったあの夏目漱石も、最終的にたどりついたものは「則天去私《そくてんきょし》」であったが、この「天の思想」こそ日本人の伝統的道徳律の根源だったといえる。

西郷の信条を知るには、この『南洲翁遺訓』を読むのがいちばんだが、じつのところこれは西郷自身が書き残したものではない。彼の人格に深く打たれた庄内藩の武士が、その言葉を「遺訓」として後世に残したものである。

庄内藩は世にいう戊辰戦争で〝賊軍〟とされた奥羽越列藩同盟の中心的な藩であったが、激戦の終結をもって明治新政府が誕生する。このとき西郷は新政府の総督参謀として、庄内藩に対して実に寛大な処置をとった。その温情に感激した庄内藩士たちが、帰郷した西郷のもとを訪ね、親しく西郷の人格に接するうちに、ますます西郷に惚れこみ、その言葉をメモしたものが『南洲翁遺訓』となったのである。

『南洲翁遺訓』を読むと、高潔なる本物の武士とはかくあるものかと、その信条におのずから頭が下がるが、その中でとくに武士道の神髄を説いた「ノブレス・オブリージュ」の部分を二、三紹介しておこう。『西郷南洲遺訓』(山田済斎編・岩波文庫)をもとに現代文で要約して述べる。

「万民の上に位置する者は、己を慎み、品行を正しくして、贅沢をいましめ、倹約に努め、職務を努力して、人民の見本とならねばならない。そして、民衆がその働きぶりを見て、気の毒だなあと思うようでなければならない。ところが、新しい政権が立ったばかりというのに、立派な家をつくり、贅沢な着物を着て、美人の妾を囲い、自分の財産ばかり殖やそうと励んでいる者が多い。こんなことで本当の維新の効果はあげられないだろう。（中略）これでは国家に対しても戦死者に対しても面目ないことである」（第四条）

これはなにも政治家や高級官僚だけでなく、人の上に立つ者すべてに通用する言葉である。上に立つ者は、まず自分の身を厳しく慎み、しかも、その働きぶりを下の者が見て、「あんなに頑張っているのか、大変だなあ」と感心するぐらいでないと人はついてこない、というのである。これこそ先に述べた「上に立つ者《エリート》にともなう義務」と一致するものである。

「児孫（子孫）のためには美田を残さず」（第五条）

遺訓として最も有名なもので、子孫のために財産を残すと、安楽な生活に慣れて、ためにならないとの意味である。だが、西郷のいわんとするところは、この前に「男というのは、辛酸を嘗《な》めて苦しい経験を積んでこそ、意志が固くなる。瓦《かわら》のようなつまらぬものになって生きながらえるより、男は時には、玉となって砕け散らねばならない時がある」というものがあって、この言葉が続く。いわば西郷が語ろうとしたのは「男の生き方」であり、男というものは時には玉と砕ける覚悟が必要なので、そのためには苦労を積んで強い意志を鍛えておかねばならない、というのである。

「事を行う場合には、どんなことでも、正道を踏んで至誠《しせい》を推し進めよ。けっして策謀や不正を用いてはならない。人は仕事がうまくいかなかったり、障害にぶつかると、よく策謀をこらしてまぬかれようとするが、一時的にはそういうことが成功しても、その報いは必ずきて、全体がだめになってしまう。正しい道というのは一見遠回りに見えるが、やはりこれが成功の早道である」（第七条）

西郷隆盛がいかに武士道そのもので生きたかは、この『遺訓』だけでも十分であるが、さらにいうなら彼の根本的な信条は「至誠」という言葉に代表されるであろう。

「至誠」とは儒教の最善の徳で最上の真心を尽くすことであるが、「百術一誠《ひゃくじゅついっせい》にしかず」（百の策略でも一つの誠《まこと》にはかなわない）との言葉があるように、至誠は神への道であり、これこそ武士道の本道とされたものである。だからこそ、小手先の策略や小賢《こざか》しい智恵で、たとえ一時的にはその場を逃れたとしても、そのようなものは結局はバレてしまい、もとも子もなくなると説くのである。

西郷は処世術だけに長《た》けた、実《じつ》のない人間を最も嫌った。そういう輩《やから》は善悪よりもその場の雰囲気や目先のことだけを考慮し、「この程度のことなら」と看過してしまうので、のちに大事になることもわからず、その元凶をつくってしまうのである。

思えば、東京五輪エンブレムの盗用疑惑や自動車会社の燃費不正問題、子宮頸がんワクチンをめぐる混乱、あるいはSTAP《スタップ》細胞の捏造騒動、さらには、国から地方までの各議会議員のカネをめぐる不祥事なども、どれもが結局はこうした正道を踏まず、小才の策略だけでごまかそうとしたツケがまわってきた結果だったといえる。

『南洲翁遺訓』は本編だけで四十一カ条が残されているが、いずれも含蓄《がんちく》のあるものばかりで、いかに西郷が高潔な人であったかを知ることができる。全部を紹介できないのが残念であるが、今日にも十分通用する遺訓であるので一読を勧める。

福沢諭吉が痛烈に批判した明治新政府

ところで、かくのごとき西郷だったが、歴史を知る者は、明治十年（一八七七年）に西南戦争を起こして〝逆賊《ぎやくぞく》〟となったではないか、と批判する人がいるかもしれない。

たしかに、この事件で西郷の評価は二分する。当時においても西南戦争の解釈は分かれ、たんに士族の土着的郷士主義の爆発とか、私的感情や怨嗟《えんさ》が反乱を起こしたとか、あるいは大久保利通との私闘であったとかの見方をする者もいる。

だが、明治期においてもっとも進歩的といわれ、西郷とは思想・信条において異なる立場にいた福沢諭吉は、これらの批判に対して、「西郷こそは武士道の本道を貫いた人であった」と、文明論の立場から西郷の西南戦争を擁護した。それを著したものが『丁丑《ていちゅう》公論』である(以下、福沢の引用は『福澤諭吉全集』岩波書店をもとに要約)。

福沢は執筆にあたって、まず、「自分は西郷氏に一面識もない。いまから述べることは、私情から出たものではなく、公論として書く。一国の公平を護《まも》りたいために書くのだ」と断り、次のように断言するのだ。

「乱の原因は政府にあり」

と。そして、西郷について「彼は国に対して何か悪いことをしたか」と問い、「維新政府をつくってもらった大功を忘れて、賊名を着せるとは何事ぞ」と怒るのである。

福沢が西郷を評価したのも「武士道の本道を貫く無私なる人」であったということだ。その証拠にと、福沢が語る。

「西郷は、封建制をよろこばなかった。もし彼が封建制支持者なら、徳川家を倒したときに島津氏を将軍にしたであろう。でなくても、彼自身が大名になったはずだが、そんなことはしなかった。それどころか、維新後、彼は島津氏の不興を買い、その上、彼が賛成することによって、廃藩置県という、維新以上の大改革をやり、それによって大名も士族も消滅した。彼が消滅させたといっていい。

また、乱を好むわけでもなかった。明治七年（一八七四年）、前司法卿江藤新平が故郷の佐賀に帰り、佐賀の不平士族にかつがれて乱をおこしたが、政府軍によって潰滅《かいめつ》させられた。このとき、西郷は鹿児島に帰っており、佐賀の乱に呼応しようとの動きがあったのを抑えこんだ」

要するに福沢は、西郷にはなんの思惑もなかったのに、新国家建設の邪魔になった政府が西郷を乱にひきずり込んだ、というのである。

たしかに西郷が西南戦争を起こす意思があったかどうかは、今日でも評価の分かれるところである。先の内村鑑三などは、

「彼（西郷）を天下唯一の人として崇拝していた約五千の青年が、おそらく彼の知ることなしに、そして多くは彼の意志に反して、政府に対して公然たる叛乱《はんらん》を開始したのだ」

と述べている。おそらく、これが歴史的事実だろう。親友であった勝海舟も、

ぬれぎぬを　ほそうともせず　子供らが
なすがまにまに　果てし君かな

との追悼の歌を詠んでいる。

福沢諭吉という人は、封建制度を縛り上げた儒教思想を徹底的に否定し、合理主義、功利主義の立場に立って文明論を啓蒙《けいもう》した人であるが、もとをただせば大分・中津藩士の出であり、その教育は武士道で育った。だから西郷の心情がいやというほどわかったのである。だから維新の最大の功労者である大西郷を、官人のみならず知識人や論客までもが世評に付和雷同《ふわらいどう》して「あたかも官許を得たごとく」罵倒《ばとう》するのを、黙って見過ごすわけにはいかなかったのだろう。

『丁丑公論』という論文は、明治十年（一八七七年）秋、西南戦争で西郷が死んだ直後に書かれたものであるが、発表するつもりがなかっただけに、その舌鋒《ぜっぽう》は鋭く、物事の本質をえぐるような痛烈なものであった。

廃《すた》れゆく武士道を惜しんだ福沢

それにしても、「門閥は親の仇《かたき》である」として不合理な封建制を否定し、合理的な立場に立って徹底的に儒教的弊害を一掃することに力を傾けた福沢が、なぜ、かくも武士道の権化《ごんげ》たる西郷を評価したのだろうか。

それを理解するには、少し福沢諭吉の思想について触れておかねばならない。彼は周知のように幕末動乱期に幕臣（といっても通訳だったが）として、三度の洋行経験をもった希《まれ》なる人物だった。いわば当時の最高の文明人である。ここでの文明人とは「国民としての自覚をもった人」との意味である。

その福沢の思想を見事に集約した言葉が有名な「独立自尊」である。すなわち「個人の独立があってこそ国家の独立があり」というもので、その中身は「自分で自分の身を支配し、他に寄りすがる心がないこと」である。

福沢が言う。

「独立の気力なき者はかならず人に依頼し、人に依頼する者はかならず人を恐れる、人を恐れる者はかならず人に諛《へつら》うものなり。常に人を恐れ、人に諛う者はしだいにこれに慣れ、その面《つら》の皮、鉄のごとくなりて、恥ずべきを知らず、論ずべくを論ぜず、人をさえ見ればただ腰を屈するのみ」（『学問のすゝめ』）

福沢は三度の洋行によって、西洋の個人主義に立脚する「市民」というものを知っていた。だが、当時の福沢から見れば、国家はできたものの、いまだ日本人にはその中身がともなっていなかった。

日本人を市民レベルに高めるにはどうすればよいか。そのための思想が「独立自尊」だったのである。

福沢は武士道が廃《すた》れていくのを惜しんだ。なぜなら、武士道には近代思想としての平等思想はないが、その気概の精神は福沢のいうところの「独立自尊」と同じものだったからである。

福沢に関しては、次章でも触れる機会があるので、ここではこれくらいにするが、私がいいたいのは内村鑑三や福沢諭吉といった、西郷とはおよそ人柄も立場も対極にある人が、思想信条の違いを超えて「彼こそは武士だった」と評価している事実である。

なぜ、こうした彼らが西郷隆盛の生き方をこれほどまでに賞賛したのか。いうまでもない。彼らは西郷隆盛に受け継がれていた美しき武士道精神を思えば思うほど、日本人の伝統ある美しき生き方を忘れてしまった、当時の為政者の風潮に怒っていたのである。それでも日本の指導者といえるのか、と。

その証拠は、福沢が『丁丑公論』の中で述べている。

東京（政府）に残った者と西（鹿児島）に帰った者との気風をくらべて、西に軍配を上げていることだ。東京に残った者は「妾《しょう》を買い妓《ぎ》を聘《へい》」したり、「金衣玉食、奢侈《しゃし》を極め」ていると、その連中を「人面獣心《じんめんじゅうしん》」とまで誹謗する。それに対して西にあった者は、西郷や桐野利秋（元陸軍少将）のような地位にあった者でさえ、「衣食住の素朴なること、毫《ごう》も旧時に異なら」なかったのである。

じつは西郷が中央政府にとどまらなかった理由も、政見や政論の違いというより、この高官たちの徳を忘れた傲慢《ごうまん》で贅沢な暮らしぶりにあった。維新を成した下級武士たちが職もなく路頭に迷い、地方では百姓一揆が続発するなかで、高官に就いた者は馬車に乗り、奪い取った大名屋敷に住み、贅沢に傲《おご》った洋風の生活をしていた。西郷が目指した国家とはまるで違ったものであったのだ。

いわば福沢は、西郷を賛美することによって、元来、サムライがもっていた日本人の品格や気骨、誠実さというものが、明治の官僚たちから消えていくのを嘆いていたのである。

福沢も内村も若くして「市民」と呼ばれる外国人を見ていただけに、日本人として新国家を築こうとするとき、西洋人に負けない精神を確立するには、どうしてもバックボーンとなる精神を武士道に求めざるを得なかったのである。だが、福沢が見るところ、下級武士からたまたま時代の趨勢《すうせい》に乗じて政府の高官となった者たちには、もはや武士道はなくなっていた。彼らは文明開化の風潮に便乗し、私利私欲の輩《やから》となっていたのだ。

武士道が残っていたのは西郷の率いる薩摩武士だけだった。だが、政府はこの薩摩武士を〝賊〟にしてしまった。これが許せなかったのである。それゆえに、その精神の見本であった西郷を「美しき日本人像」として高く評価したのである。

革命側のリーダーが望めば新政権の領袖《りようしゆう》になり得たものを、それを欲しなかったという、この一点においても西郷隆盛は世界に冠たる稀有な偉人だった。しかも彼には武士道の結晶ともいえる清廉さと剛毅さと無私無欲があった。そして「武士の情け」を知った男であった。いわば内村も福沢も、この西郷を通して、それを支えた武士道精神を称えていたのではなかったのか。

第二章

新時代の日本人が求めた「明治武士道」

なぜ新渡戸稲造は『武士道』を著したのか

武士道というと多くの人が、キリスト教における『聖書』、儒教における『論語』、あるいは仏教における経典といったように、特別な書物があるように思われているが、「これぞ武士道」として成文化されたものがあるわけではない。

というのも武士道は、仏教における釈迦《しゃか》、キリスト教におけるキリストのように偉大なる一人の人物が開眼したわけではなく、日本風土の長い封建社会のなかで、武士のあるべき生き方として自然派生的に培養され、そのつど時代に即応して研鑽《けんさん》され、やがて〝掟《おきて》〟となった不文不言の倫理道徳観だったからである。

いうなれば武士道は、サムライがつくり、サムライによって育てられ、その育て上げた武士道がさらなるサムライを鍛え上げるといった、日本固有の修養精神だったといってよい。

もちろん江戸時代において、山本常朝《やまもとじょうちょう》が著した『葉隠《はがくれ》』をはじめ、山鹿素行《やまがそこう》の『山鹿語類』、井沢蟠龍《いざわばんりょう》の『武士訓』、大道寺友山《だいどうじゆうざん》の『武道初心集』などいくつかの書物があるが、それらは武士の処世訓といったもので、武士道そのものを体系的に網羅してあるわけではない。それらはごく限られた範囲の中でしか読まれていなかったのである。

しかも、武士道論議が盛んになったのは、その主体者であった武士階級が消滅した明治時代になってからのことで、江戸期においてはそれほど声高に叫ばれていたわけではなかった。せいぜい著名な君主や特定の武士の遺訓となったものを格言として口伝《くでん》したにすぎなかったのである。

ところが、明治になって西洋の新しい価値観が導入されるにつれ、社会がことごとく文明開化に染まりゆく様子を見て、心ある人々が「日本人とは何か」を問い直し、失われていく日本の伝統的精神《アイデンティティー》とは何だったのかを振り返ったとき、改めて「武士道」なる言葉がもてはやされるようになるのである。

その証拠に、今日、一般的に武士道といった場合、われわれは何をもって理論的支柱にしているのかというと、前章で少し触れた新渡戸稲造の『武士道』をもって膾炙《かいしゃ》されているのである。なぜなら、この本こそ武士道の精神を体系的かつ総括的に述べた唯一の思想書となっているからだ。

私が『武士道』に魅《ひ》かれた理由《わけ》

じつのところ戦後生まれの私が、武士道なるものに興味をもったのも、新渡戸稲造の『武士道』を読んでからのことであった。もしそれが江戸時代に書かれたものであれば歯牙にもかけなかったことだろう。いや、それどころか四十歳頃までの私は、いまの若い人と同様に、武士道など封建的な〝過去の遺物〟としかみなしていなかったのだ。もちろん言葉として武士道なるものがあることを知ってはいたが、〝全共闘世代〟に属する私にとっては、マルクスやレーニンあるいはキルケゴールやサルトルといった西洋哲学書のほうが身近であり、江戸幕藩体制を支えた武士道など民主主義にそぐわないものとみなしていたのである。

ところが、そうしたなかにあって、戦後という言葉も遠くなり、日本が経済大国になるに従って、世界中からエコノミック・アニマルなどと卑下され、あのバブルに踊り狂った日本人の状況を目のあたりにしたとき、柄にもなく「本来の日本人は、こんなはずではなかったはずだ」と思いはじめ、ふと手にしたのが新渡戸博士の『武士道』だったのだ。

読んでみて私は自分の浅学さを恥じた。この『武士道』という本は、古めかしい道徳を語っているわけでも、時代錯誤の精神を記したものでもなかった。いや、むしろそれは、現在のわれわれがなくしてしまった「日本人の誇り高き精神」といったものが格調高く書かれてあり、人間としての普遍的な倫理観を内包している本だったからである。

したがって、私が武士道に魅《ひ》かれたといっても、それは江戸時代の旧弊を述べた「旧武士道」ではなく、あくまでも新渡戸稲造や内村鑑三らが唱えた倫理道徳観としての「新武士道」であり、現代人として〝人倫の道〟を考える糧《かて》としてのものであることを断っておく。

それにしても、なぜ私は数ある武士道関連の本のなかで、新渡戸博士の『武士道』に興味を魅かれたのか。まずは、その理由から述べておきたい。

前にも少し触れたように、新渡戸稲造という人は明治から昭和前期に活躍したキリスト教徒で、かつ教育者としても名を馳せた人である。そういう人が、なぜ封建的な精神である武士道を改めて書いたのか、ということに魅かれたからだ。どう考えても武士道とキリスト教では違和感があった。しかも、この本は原題を『*Bushido, the soul of Japan*』といい、明治三十三年（一九〇〇年）、いまからほぼ百二十年も前にアメリカで英文で発刊されたものだった。
なぜ、あえて英文で書いたのか。
この二つの「なぜ」が、私に『武士道』を読ませた最大の理由だったといえる。

「お札」になった三人は武士道の礼讃者

こうした「なぜ」を解くにあたっては、その前に新渡戸稲造という人が、どのような人物であったのかを語っておかねばならないが、多くの人も名前ぐらいは知っているだろう。というのも彼は一時期、「五千円札」の肖像となっている人物だからだ。ついでに言えば「一万円札」が福沢諭吉で、「千円札」が夏目漱石であった。

この三人が、どのような基準でそれぞれのお札の肖像になったかは知らないが、むろんお札の額と人物の高とは関係なかろう。おそらくそれは年代順で決められたのではあるまいか。福沢諭吉は天保五年（一八三五年）生まれで、明治三十四年（一九〇一年）に六十七歳で他界。新渡戸稲造は諭吉より二十七年後の文久二年（一八六二年）に生まれて、昭和八年（一九三三年）、七十二歳で死去。そして夏目漱石は、新渡戸博士よりさらに五年後の慶応三年（一八六七年）に生まれて、大正五年（一九一六年）、五十歳で没している。

いみじくもこの三人には共通点がある。以前のお札が聖徳太子や伊藤博文、岩倉具視といった政治家の肖像だったのに対して、彼ら三人が日本の近代化を推進した文化人ということもあるが、私が思うに、じつはこの三人は武士道をこよなく愛し、その気概と清廉さをもって生きた人だったということである。

福沢諭吉がその本質において武士道を愛していたことは、前章の『丁丑公論』でもわかることだが、彼にはいま一つ『瘦我慢《やせがまん》の説』というれっきとした武士道論がある。その内容に関してはのちのところで詳述するが、では夏目漱石は何をもっていうのか。

漱石は森鷗外と違って作品の中に武士道そのものを述べたものがあるわけではない。だが、その生き方は、出世主義のために時の権力者山県有朋に諂《へつら》っていた鷗外よりも、よほど武士道的精神の持ち主だったといえる。たとえば漱石が、弟子にあたる鈴木三重吉に宛てた手紙にこんなものがある。

「……いやしくも文学をもって生命とするものならば、単に美という丈《だけ》では満足できない。ちょうど維新の当時の勤皇家が困苦をなめたような了見にならなくては駄目だ。（中略）僕は一面において俳諧文学に出入りすると同時に、一面において死ぬか生きるか、命のやりとりをするような維新の志士のごとき烈《はげ》しい精神で文学をやってみたい。それでないと何だか難をすてて易《やす》きにつき劇を厭《いと》ふて閑《かん》に走るいわゆる腰抜《こしぬけ》文学者の様な気がしてならん」

これはまさしく武士道のもつ気概の精神である。事実、漱石は、明治四十四年（一九一一年）に文学博士号を辞退しているように、けっして位官や権威といったものを求めはしなかった。それどころか約束されていた帝国大学文学部教授の椅子を捨て、当時はまだ〝下賤の商売〟とさげすまれていた「新聞屋」へ飛び込んだ人であった。こうした生き方から推察するところ、漱石はまぎれもなく武士道的美的精神像の所有者だったといえるのである。

余談だが、漱石がこの手紙を鈴木三重吉に書き送ったのは、明治三十九（一九〇六）年九月とされているので、彼がロンドンから帰国した後、第一高等学校講師を務めていた頃である。ちょうどその九月には、新渡戸稲造は第一高等学校の校長となっているので、一時的にせよ、漱石は新渡戸校長の部下として同じ職場にいたことになる。もちろん福沢諭吉は五年前に他界し生きてはいない。

「近代日本の父」クラーク博士の教え子たち

さて、その新渡戸稲造であるが、文久二年（一八六二年）、明治政府が誕生する六年前に岩手県の盛岡で生まれた。家系は代々の南部藩士で、祖父・伝《つとう》、父・十次郎《じゅうじろう》はともに十和田湖周辺の開拓指導者として知られる武士であった。

維新の荒波を受けながら文明開化のまっただなかに放り出された稲造少年は、「これからは英語の時代だ」と、明治八年（一八七五年）、盛岡から上京して東京英語学校に入学する。英語の才能は抜群で、上京してすぐに書いた英作文が、翌九年にフィラデルフィアで開かれたアメリカ独立百年祭で展示されるほどであった。

十六歳（明治十年・西南戦争勃発の年）になったとき、祖父以来の事業である農地開拓を引き継ぐために、稲造は札幌農学校（北海道大学の前身）へ入学した。

札幌農学校といえば誰もが思い出すように、「少年よ、大志を抱け！」で有名な、あのウィリアム・クラーク博士が教頭（実質的には校長）として赴任していた学校である。

アメリカ人であるクラーク博士が、日本政府に〝お雇い外国人〟として招かれたのは明治九年（一八七六年）七月のこと。彼は当時、現職のマサチューセッツ農科大学学長だったので、その赴任期間はたったの八カ月間にすぎなかった。だが、この短い歳月のなかで彼は計り知れない影響を生徒たちに残したのである。

プロテスタントの敬虔《けいけん》な信者だったクラーク博士は、専門の植物学よりキリスト教による人格教育に重きを置き、彼が残した「イエスを信ずる者の契約」には、多くの生徒たちが署名した。もちろん稲造も、それに感化されてキリスト教徒になるのだが、彼は二期生だったので、入学したときにはすでにクラーク博士は帰国していて直接の面識はない。

だが、クラーク博士の教えは、孫弟子にあたる稲造たちまで感化するほどの校風を築き上げていたのである。ちなみに、クラークの教えを直接受けた一期生には、のちの北大総長となる佐藤昌介、音韻学者の大島正健、農業指導者となった渡瀬寅次郎などがおり、稲造と同期の二期生には内村鑑三、植物学者となった宮部金吾、北海道開拓者として名を残した町村金弥らがいる。

その意味でもクラーク博士は「近代日本の父」ともいえる人物だが、加えて、新渡戸稲造と内村鑑三のその後の人生を決定づけた人、というだけでも特筆すべき〝教育者〟だったといってよい。本書では紙数の都合上、新渡戸・内村両博士が、彼らのあとに続く日本インテリ層に与えた影響を述べるスペースはないが、その系譜は戦後の昭和史においても連綿と続く人脈を保っているのである。

プロテスタンティズムと武士道は同根である

さて、ここでの問題は、それにしてもなぜ、武士道で育った新渡戸や内村らが、いとも簡単にキリスト教に入信したのか、ということである。

とくに内村鑑三などは、群馬高崎藩の厳格な儒学者の子として育てられ、自ら「わが内なる精神は武士道である」と明言し、キリスト教を耶蘇《やそ》教として非難していた生徒だった。にもかかわらず、もっとも熱心な信者になっている。

一見、不思議な気もするが、プロテスタントの精神というものを調べてみると、それが不思議でもなんでもないことがわかる。なぜなら、プロテスタントの精神というのは、質素倹約を旨とし、自立、自助、勤勉、正直をモットーとする「自己の確立」を養成するものであり、その精神は武士道と相通じるところがあったからだ。

要するに、彼らは武士道を幼い頃より道徳律としてたたき込まれていたために、キリスト教と武士道がその徳目において二律背反するものではないことを理解すると、武家社会が崩れて「君主」がいなくなった当時、その代わりとして「神」という新しい主を得た、ともいえるのである。

内村鑑三がこの両者の関係を、「自分の場合は、武士道という精神的土壌が、接木における台木となり、その台木にキリスト教が接木されたにすぎない」と語っていたことはすでに述べたが、別のところで、もっとはっきりと、こうも言っている。

「正直、勇気、恥を知る。これら武士の道とするところは、実は神がその道とするところでもある。日本武士は、その正義と真理のために生命の惜しまざる犠牲の精神に共鳴して、神の道に従った。そして沢山保羅《さわやまぽうろ》、本多庸一、木村熊二、横井時雄のような純然たる日本武士信者を出した。彼らはイエスの武士的気質にひかれて、その従僕となったのである。(中略)だから日本武士は、最上のキリスト信者を作り得るのだ。武士道ある限り、日本は栄える」(『聖書之研究』「武士道とキリスト教」)

内村にとって武士道は「人の道」、キリスト教は「神の道」という違いはあるが、その根は同根であり、目指す方向性も同じだった。ゆえに彼は両者の結合を説いたのである。

明治という時代は、このプロテスタントが大いにもてはやされた時代だった。明治キリスト教の先駆者たちの多くが武士出身であったこともそうだが、青山学院、明治学院、関西学院、神戸女学院、広島女学院などのプロテスタント系の学校が、いっせいに創設されたことからも、うかがい知ることができる。

日本人による日本人のための〝和製聖書〟

むろんこうした思いは内村鑑三や新渡戸稲造だけのものではなかった。上州安中《あんなか》藩士の子として生まれた新島襄《にいじまじょう》も、幕臣の子であった中村正直（敬宇）もそうした人だった。

新島は同志社大学の創立者として有名だが、厳密にいえば同志社大学はミッション・スクールではない。彼は文久三年（一八六三年）、京都で新選組が暴れまわっている頃、函館から単身アメリカへ密出国し、そこでキリスト教社会というものに触れ、そして憧《あこが》れ、その精神をもって創建したのが同志社大学だった。同志社大学の創設にあたっては、次のような挿話がある。

明治七年（一八七四年）、新島のアメリカ滞在が十年に及ぶ頃、彼は帰国の決意をもってヴァーモント州の伝道協会で別れの挨拶をした。

「自分はキリスト教精神の偉大なることを知り、それを愛し、日本へ帰ったら必ずキリスト教主義の大学を創りたいと思っていた。だが、その資金が集まらず帰るに帰れないでいる。それが残念だ」

するとと、演説が終わるや、たちまち五千ドルが集まり、なかには帰りの船賃だと渡してくれた者までいたという。当時のアメリカは建国百年にも満たない国だったので、それだけ善意のプロテスタント精神が残っていたのであろう。その善意の寄付でできたのが同志社大学だったのである。

そしていま一人の中村正直である。彼は幕府の最高学府だった昌平黌《しょうへいこう》きっての秀才といわれ、若くしてそこの教授となった。謹厳実直で武士道を絵に描いたような人物といわれ、のちに東大教授、女子高等師範学校（現・お茶の水女子大）校長などを務めた。

だが、彼を何よりも有名にしたのはサミュエル・スマイルズの『自助論（*Self-Help*《セルフ・ヘルプ》）』を翻訳して『西国立志編』（明治四年刊）として出版したことである。「天は自ら助くる者を助く」で始まるこの本は、近代ヨーロッパの勃興期に勤勉と自助の精神によって業を興し、名をなした人々の伝記集である。この本は明治の〝聖書〟とまで呼ばれ、福沢諭吉の『西洋事情』とともに明治初期の大ベストセラーになっている。

〝聖書〟と呼ばれたわけは、この本に「独立心をもて、正直であれ、勤勉であれ、誠実であれ」と、英国のプロテスタンティズムが述べられており、その倫理的精神が明治の青年たちに大きな影響を与えたからである。事実、織機《しょっき》発明者の豊田佐吉、三井物産創業者の益田孝、ビール王と呼ばれた馬越恭平らは、この本によって触発されたと記している。

中村正直は続けて『自由之理《じゆうのり》』を出版し、こちらは先の「立志伝」に現れた諸人物の生き方、すなわち近代自由主義の原理を論じていた。この二冊をもって彼は、一躍、〝三田の聖人〟と呼ばれた福沢諭吉と並んで〝江戸川の聖人〟といわれるようになった。そして印税で得た資金をもとに小石川の自宅に「同人社」という洋漢学の塾を設けた。この塾は福沢の「慶應義塾」、尺振八《せきしんぱち》の「共立学舎」と並んで、当時の三大塾と称されたほどであった。もちろん明治啓蒙家の一人で森有礼《もりありのり》主宰の「明六社《めいろくしゃ》」のメンバーでもある。

武士道を絵に描いたような人物が、なぜキリスト教徒になるのか不思議でもあるが、これは先の内村鑑三らと同じように、江戸の教養主義で培われた武士道精神と敬虔なるプロテスタント精神の共通性を認め、純粋になればなるほど、「人の道」を「神の道」へと転化させようとの思いがあったからだろう。といっても、すべてが似ていたわけではない。決定的な違いは武士道には、「神《ゴッド》」と「聖書《バイブル》」がなかったことである。

したがって新渡戸稲造は、これらを集大成するにあたって、「人の道」である武士道と「神の道」であるキリスト教を比較しながら、いまだ成文化されていない武士道を、「日本人の精神」としてとらえ直し、日本人のための日本人による道徳規範の書、すなわち〝和製聖書〟を書こうとしたのではないか、と私は見ている。

『武士道』はなぜ、英文で書かれたのか

事実、『武士道』を書いた動機について、新渡戸博士自身が「序文」の中で次のように語っているのだ。


《十年ほど前、私がベルギーの著名な法学者ラヴレー氏の家に招かれ、歓待をうけて数日を過ごしていたときのこと。ある日の散歩の途中で、宗教の話題が出た。

「日本の学校では宗教教育がない、とおっしゃるのですか」と、この尊敬すべき教授が尋ねられた。私が「ありません」と返事をすると、教授は驚いて、突然立ち止まり、ビックリするような声で再度問われた。

「宗教教育がない！　それではあなたがたはどのようにして道徳教育を授《さず》けるのですか」

私はその質問に愕然《がくぜん》とし、すぐに答えることができなかった。なぜなら、私が子どものころに学んだ人の倫《みち》たる道徳の教えは、学校で受けたものではなかったからである。そこで、私の善悪や正義の観念を形成しているさまざまな要素を分析してみて初めて、そのような観念を吹き込んだものは武士道だったことに気づいたのである》（『武士道』第一版の序文）

補足しておくと、約十年前とあるのは明治二十年（一八八七年）のことで、博士が二十六歳のときである。このとき博士は「日本での道徳教育はどのように授けられているのか」と問われ、その答えに窮した。

以後、沈思黙考すること十年――。その間、新渡戸は多くの外国人との交流のなかで、「日本人の精神とは何か」と聞かれるたびに、わが内なる武士道を思い出し、その道徳律を説明していたのであろう。いわば同書が書かれた動機は、外国人に向かって、日本男児の心に宿る精神を『武士道』の名において集大成したものだったのである。だからこそ彼は、世界の人々に知らせるために英文で出版したのであり、タイトルを『*Bushido, the soul of Japan*』（『武士道：日本人の精神』）と付けたのである。

新渡戸が、この本を書いたのは三十八歳のときだった。この頃彼は病気治療のためにカリフォルニアに滞在していた。それは外国から日本を見つめ直す絶好の機会だったろう。

当時、日本は文明の先進国である西欧諸国から見れば、いまだアジアの果てのきわめて幼稚な国であった。だが、その日本が〝眠れる獅子〟といわれた清国に勝ったことから、いろいろと好奇な目で見られていた。なかには野蛮で好戦的な民族と中傷した者もあったろう。そこで博士は「日本人はそんなものじゃない」との愛国心に駆られ、日本人の魂としてこの本を書いたのである。この心境は先の内村鑑三とまったく同じものだったといってよい。

そしてこの本は、日本でも明治三十三年（一九〇〇年）ただちに発刊され、多くの青年たちを魅了した。いや日本人ばかりではない。ドイツ語、ポーランド語、ノルウェー語、フランス語、中国語でも出版され、その一部はハンガリー語、ロシア語にも翻訳され、世界的なベストセラーとなったのであった。

しかも、同序にあるように、アメリカ大統領セオドア・ルーズベルトが、この本を読み、たいへん感動して、友人たちに配ったとも記せられている。それ以来、ルーズベルト大統領はすっかり日本びいきとなった。そのおかげで、四年後の日露戦争の終結のとき、ルーズベルトはハーバード大学での友人であった金子堅太郎（伊藤博文の秘書官）から、日露講和条約の調停役を頼まれると、

「私は貴国のことはよく知らないが、〝ブシドー〟は知っている。あの崇高な偉大な精神文

化を築いた国なら、及ばずながら協力したい」

と、快く受けたのである。

日露戦争はあと一カ月も戦えば日本側が負けていたというのが歴史の定説だから、いわば博士の『武士道』が日本を敗戦から救ったともいえる。

事実、『武士道』の邦訳者である矢内原忠雄《やないはらただお》（東大総長、新渡戸稲造の弟子）が、その訳者序文において、「その功績、三軍の将に匹敵する」と述べているのは、このことを指している。

いずれにしても『武士道』という本は、日本人の伝統的道徳精神を表すものとして、二十世紀の初頭にあまねく世界に紹介され、西洋諸国の人々に「ブシドー」なる言葉を知らしめた最初の本でもあったのである。

江戸の町を火の海から救った「真勇は怯に似たり」

ところで、武士道論議が盛んになったのは明治に入ってからだと書いたが、『武士道』

と名のつく本で新渡戸博士のものと並んでいま一つ有名なものがある。山岡鉄舟《やまおかてっしゅう》の『鉄舟武士道』と呼ばれるものだ。

今日この本は『山岡鉄舟の武士道』(勝部真長編・角川文庫)として再出版されているが、これは門人の籠手田安定《こてたやすさだ》が鉄舟の口述を記録し、それに勝海舟が論評を加えたもので初版は明治三十五年(一九〇二年)。新渡戸稲造の『武士道』から遅れること二年後のことだ。山岡鉄舟は幕臣の出で、生涯〝サムライ〟として生きた傑物だけに、キリスト教徒の新渡戸博士とはまた違った趣《おもむき》があり、いずれも名著として知られている。

そしてさらに付け加えるなら、明治武士道を語るときに忘れてはならないものとして福沢諭吉の『瘠我慢《やせがまん》の説』というのもある。これが「時事新報」に掲載されたのが明治三十四年(一九〇一年)。いわば新渡戸稲造の『武士道』が出てから、立て続けに福沢の『瘠我慢の説』、鉄舟の『武士道』と発刊されているのだ。なぜ、この時期に集中的に武士道精神を語る本が出たのか。すでに鉄舟は十四年前に他界し、福沢の『瘠我慢の説』も書いてから十年も経っていたというのに、である。その理由はいま少しあとに述べるとして、その前に山岡鉄舟の人物像と、その著書『武士道』について触れておこう。

周知のように鉄舟は、勝海舟、高橋泥舟《でいしゅう》(鉄舟の義兄)とともに〝幕末の三舟〟と呼ばれ、ともに幕臣として活躍した人物である。

鉄舟は天保七年（一八三六年）、幕臣の子として江戸で生まれた。幼少の頃から剣術に励み、長じて「無刀流」の極意をきわめ、同時代の千葉周作、斎藤弥九郎、近藤勇などとともに剣の達人と称されているが、暗殺やテロの横行するあの幕末の動乱のなかで、生涯ただ一人の人間も斬《き》ることなく、そればかりか動物に対する殺生《せっしょう》さえも戒めた人物だった。

「真勇は怯に似たり」という言葉がある。本当の勇者という者は一見すると臆病者のようだという意味だが、普段の鉄舟はそのような人であった。だが、いざ、大義の勇を振るう場面になると、自らの命を投げ出して、国家を救う行動を起こしている。それが、勝海舟の使者となり単身で西郷隆盛と会って、江戸城無血開城の約束をとりつけたことだった。この話は、多くの人が勝海舟の功績と思っているが、そのお膳立てはすべて鉄舟がしたのである。

慶応四年（＝明治元年、一八六八年）三月。有栖川宮《ありすがわのみや》を大総督にいただく官軍は、すでに駿府城（静岡）まで迫っていた。参謀・西郷隆盛は幕府の根拠地である江戸進撃の日取りを、同月十五日と期して秘策を練っていた。それが実行されれば、百万都市の江戸は一面の火の海となり、計り知れない大惨事が予測された。

ここに登場するのが山岡鉄舟である。歴史書は、その模様をこう伝えている。

「三月九日、山岡鉄太郎（鉄舟）が勝海舟の手紙をもって、駿府の大総督府に西郷を訪ねてきた。山岡は低い地位の旗本であったが、剣道に達し、禅の修養をつんだことからすこぶる気骨のある人物だった。彼はなんとかして主家の緊急を救うべく、自分が直接に誠意をぶちまけて東征大総督に嘆願しようとしたが、幕府の役人は相手にしなかった。

そこで、それ以前の三月五日、勝海舟（当時、幕府の全権を握っていた）を訪ね、その志をのべると、勝は一目で山岡鉄舟が非凡の人物であることを見抜き、大いにこれを励まし、かねてたがいに尊敬し合っていた西郷に手紙を書き、それを鉄舟に託した。鉄舟は薩摩藩士益満休之助《ますみつきゅうのすけ》を案内役に、たった一人で官軍陣営に入った」（井上清著『日本の歴史20・明治維新』中公文庫より要約）

会見に応じた西郷は、敵陣に単身で乗り込んできた鉄舟の勇気を賞賛する。だが、立場は敵同士。十五代将軍慶喜の処遇をめぐって両者一歩も譲らず激論となった。

鉄舟が言う。

「もし、あなたが私の立場ならどうしますか」

鉄舟は談判が決裂したら死ぬ覚悟をしていた。西郷にそれが通じ、

「わかり申した。将軍のこと、この西郷が一身をもってお引き受け致す」

勝と西郷の有名な「江戸城明け渡し会談」が薩摩藩邸で行われたのは、それから四日後の三月十三日のことであった。

こうして江戸は戦禍をまぬかれるのだが、その裏に山岡鉄舟の決死の説得があったことはあまりにも知られていない。それは鉄舟が武士道の最高の境地である〝無私無欲〟にまで達しており、自分の功績を語ることがなかったからである。

のちに西郷は、山岡鉄舟を評して「命もいらず、名もいらず、官位もいらず、金もいらぬという人は始末に困る。だが、この始末に困る人でなくては大事はできない。なぜならば、こういう人は、ただ単に無欲というだけではなく、日々、道を行っているからだ。正しい道を歩き続けているから自信があって、何もいらないというのである」と語っている。西郷は自分と同じ気質をもつ鉄舟に惚れ、その心情を汲んで、幕末のクライマックスともいえる〝江戸城無血開城〟という大事を成し遂げたのである。

禅の思想から本質に迫った「鉄舟武士道」

この山岡鉄舟をつくりあげたのは剣と禅の修養であった。彼は幕末の頃、幕府講武所の剣術師範を務めているが、やがて明治十八年（一八八五年）、「春風館」という道場を開き多数の門弟を従えた。

鉄舟が自得した剣の流儀を〝無刀流〟というが、鉄舟はこう説明している。

「無刀とは、心の外に刀なきなり。本来無一物《ほんらいむいちぶつ》なるがゆえに、敵と相対するとき、前に敵なく、後に敵なく、刀によらずして心をもって心を打つ。これを無刀という」

つまり刀を使用しない剣法だった。鉄舟は天竜寺の滴水《てきすい》和尚の教えで禅の大悟を得ているが、その極意は「剣禅一如《けんぜんいちにょ》」。そして鉄舟が生涯信条としたのが、この「本来無一物」という禅の「無の思想」だったのである。

本来無一物とは、要するに人間、生まれたときも死ぬときも裸じゃないか。所有欲があるから悩むのであり、もともと「何もない」と思えば地位や名誉や財産も関係なくなり、こうした「利欲」に惑《まど》うのはおろかなことだ、との意味である。この姿はサムライの代表として挙げた無私無欲の西郷隆盛と相通じる生き方だった。だからこそ西郷は鉄舟に惚れたのである。

維新後、鉄舟は幕臣の身の処し方として隠居したかったようだが、明治五（一八七二年）、西郷のたっての頼みで明治天皇の侍従となった。再三固辞したが、西郷には江戸を救ってくれた義理があった。そこで「十年だけ、お勤めしましょう」と期限を切って仕え、きっちり十年目の明治十五年六月に辞職している。

とはいえ、その俸給は西郷と同様に困った人にほとんどあげてしまい、死ぬまで清貧を通した。その心情は次の戯《ざ》れ歌《うた》からも察することができる。明治二十年（一八八七年）に子爵の爵位を受けたときのものだ。

食うて寝て　働きもせぬ御褒美に
蚊族（華族）となりて　亦《また》も血（血税）を吸う

そしてこの年、山岡鉄舟は四谷仲町にあった自宅道場において、門人籠手田安定《こてだやすさだ》（県知事・男爵）らの求めに応じて、武士道に関する講義を四回にわたって行った。聴講者のなかには先の中村正直、井上毅《こわし》（明治憲法の起草者・のちの文部大臣）、山川浩（政治家・東京師範校長）、ボアソナード（政府法律顧問）らの顔も見えた。

鉄舟が語る。

「拙者の武士道は、仏教の理《ことわり》より汲んだことである。それも、その教理が真に人間の道を教えつくしているからである。まず世人が人を教える忠、孝、仁、義、礼、智、信とか、節義、勇武、廉恥とか、あるいは同じようなことで、剛勇、廉潔、節操、礼儀とか、言いかえれば種々ありて、これらの道を実践躬行《きゅうこう》する人を、すなわち武士道を守る人というのである」

この言からも、鉄舟の武士道は禅宗の影響を強く受けたことがわかる。簡潔にいうなら、鉄舟のいう武士道とは、武士のみにあるものではなく、万民皆が守るべき「日本人の倫理道徳観」ということだった。そこから説き起こして、「現代社会の混迷と武士道」「武士道の起こりとその発達」「明治の御代の武士道」、そしてさらには「おんな武士道」まで広範囲な論が展開されている。

新渡戸がキリスト教からアプローチし、山岡が仏教（禅宗）を土台にしたとの違いはあるが、いずれも倫理道徳の根本は宗教にあり、頭脳（知識）よりも魂（人間の良心）を鍛える人格形成の根元をなすものだったのである。

『鉄舟二十訓』とその臨終秘話

いかに鉄舟が倫理道徳として武士道をとらえていたか。『鉄舟二十訓』というのが残っているので、現代語訳して記しておこう。

一、うそを言うな。
二、君の御恩を忘れるな。
三、父母の御恩を忘れるな。
四、師の御恩を忘れるな。
五、人の恩を忘れるな。
六、神仏と年長者を粗末にしてはならない。
七、幼者をあなどるな。
八、自分の欲しないことを人に求めるな。
九、腹を立てるのは道に合ったことではない。
十、何事につけても人の不幸を喜んではならない。
十一、力の及ぶかぎり善くなるように努力せよ。
十二、他人のことを考えないで、自分に都合のよいことばかりしてはならない。
十三、食事のたびに農夫の辛苦を思え。すべて草木土石でも粗末にしてはならない。
十四、ことさらお洒落《しゃれ》をしたり、うわべを繕うのは、わが心に濁りあるためと思え。
十五、礼儀を乱してはならない。

十六、いつ誰に対しても客人に接する心がけであれ。
十七、自分の知らないことは、誰でも師と思って教えを受けろ。
十八、学問や技芸は富や名声を得るためにするのではない。己を磨くためにあると心得よ。
十九、人にはすべて得手と不得手がある。不得手を見て一概に人を捨て、笑ってはならない。
二十、己の善行を誇り顔に人に報《しら》せるな。わが行いはすべてわが心に恥じぬために努力するものと心得よ。

これが、人が人として守らなければならない最低限の〝人の倫《みち》〟だと鉄舟は言うのだ。文字にすればすべて人間としてあたりまえのことであるが、今日、このあたりまえのことがいかに忘れ去られていることか。自ら戒《いまし》めるところである。いずれにしても、山岡鉄舟の武士道は宗教的倫理観にもとづく「新武士道」だったといえる。

鉄舟はこれらを実践し、まさに〝徳の人〟となった男であった。「徳は孤ならず」というように、分け隔てなく誰とも交際した鉄舟の屋敷には、あらゆる階層の人々が集まってきた。海舟はその様子を見て「山岡の化物屋敷」と称し、人気のあった鉄舟に嫉妬心を燃やしていた節がある。

明治二十一年（一八八八年）、その鉄舟が胃がんで倒れた。臨終の床に多くの門弟たちが集まった。そのなかに三遊亭円朝（明治落語界の大物）を見つけた鉄舟は、「みんな俺の死ぬのを待っているが、まだ死なん。退屈だろうから一席やれ」と命じた。円朝が涙をボロボロ流しながら、その用意をしていると、鉄舟は「そろそろだな」と、死に装束に改め、右手に扇子、左手に数珠、懐中に金剛教といった姿で座禅を組み、そのまま往生をとげたという。五十二歳だった。

葬儀は三日後の二十二日。その日はどしゃ降りの雨だったが会葬者は五千人に及んだ。会葬者の多寡《たか》で人物月旦《げったん》をするつもりはないが、最高の位人臣《くらいじんしん》をきわめた山県有朋は国葬でありながら、その数は五百にも及ばなかったそうだから、いかに鉄舟の人気が高かったかがわかる。しかも、そのなかには鉄舟に深く傾倒していた侠客の清水次郎長、相撲取りの高砂浦五郎などの姿もあったという。いま鉄舟は、自らが建てた谷中・全生庵の墓地にその門弟たちに囲まれるようにして眠っている。

福沢諭吉版の武士道だった『瘦我慢《やせがまん》の説』

そして、明治武士道のいま一つの代表作、福沢諭吉の『瘦我慢の説』である。こちらは何を訴えていたのか。

ご存じのように福沢は『学問のすゝめ』の冒頭で、「天は人の上に人を造らず、人の下に人を造らず」と、封建社会の身分制度を根底からくつがえす万民平等の思想を最初に提唱した人物である。いわば彼は、最初の文明人として、欧米の功利主義に裏打ちされた実用主義を標榜《ひょうぼう》した合理主義者だった。

ところが、前にも述べたように、その彼が不合理の権化《ごんげ》ともいえる武士道の精神をいたるところで誉《ほ》めているのだ。といっても、それは権威的、あるいは形式的な武士道ではなく、新渡戸稲造や内村鑑三が唱えた道徳的美学としての「新武士道」で、とくに彼が好んだのは「気概」の精神であった。

この武士道の気概をより具体的に述べたのが、明治二十四年（一八九一年）にひそかに書かれた『瘦我慢の説』である。これは前出の『丁丑公論』の続編といえるものだった。

福沢は、この論文で、はじめに国と国との相互の関係を述べて、弱小の立場にあるものでも、「寄らば大樹の陰」式に有力な強大国に包まれることをいさぎよしとせず、痩我慢して独立しているのは立派だ、という。

そして、その本質を、

「立国は私《わたくし》である、公《おおやけ》ではない。さらに私ということでいえば、痩我慢こそ、私の中の私である。この私こそが立国の要素になる」

と、国家を築くのはこの〝痩我慢〟をもった個人であると述べたのである。

さらに、こう続く。

「痩我慢とは、個々人についていえば、主に対しての節操であり、その存在が問われる危機に臨んで、主を守り抜こうとする気概を強くすることである。いたずらな妥協講和などをはかって、もとも子も無くしてしまうような醜をさらさない。勝敗の打算を度外視して、犠牲になることを惜しまない。このような痩我慢こそ、立国の大本となる心情である」と。

これはまさに「武士は食わねど高楊枝《たかようじ》」の発想である。のちに武士道の徳目のところで詳述するが、武士道の支柱は「義」であり、打算や損得は商人の才として卑下された。したがって、この「義」を貫くことの気概を、わかりやすく痩我慢といったのである。つまり、この気概がなければ、一国の風儀（態度）は確立されず、それを欠くなら「独立」など保たれないと憂えたのであった。

そして福沢の論調は、「徳川家の末路に、家臣の一部分が、早く大事の去るのを悟り、敵に向かって抵抗を試みず、ただひたすら和を講じて、自ら家を解きたる」者ありと、当時の幕閣の首脳だった勝海舟の身の処し方を激しく攻撃していく。

曰《いわ》く、

「小さな虫けらでさえ、百貫目の鉄槌が下されれば、その足を張って抵抗するのに、二百七十年も続いた大政府が何の敵対意識もなく、ひたすら講和し、薩長に哀訴したような振る舞いは古今世界に例がない」

たしかに徳川幕府は衰えたとはいえ、いまだ江戸城も旗本八万騎も無傷だった。それなのに戦わずして〝売り渡す〟とは、徳川恩顧の幕臣としては「義」も「忠」もないではないか、なぜ痩我慢を張っても戦わないのか、それがサムライの意地というものだろう、と憤るである。

「立国の要素たる痩我慢の士風を損なった責めは免かれざるべし」

とまで決めつけている。

冷静沈着な福沢にしてはめずらしい激昂ぶりである。だが無理もない。江戸開城における幕府の方針は、いまでも歴史家のなかでその是非が問われているからだ。

厳しく指弾された勝海舟の処世

江戸開城の件で、主戦論の急先鋒だったのは、遣米使節団の目付役として随行し、当時〝幕閣の頭脳〟と異名があった小栗忠順《おぐりただまさ》（勘定・海軍・陸軍奉行を歴任）だった。

彼の作戦はこうだ。長蛇の行軍隊形をつくって東進する官軍を、静岡県下の東海道で寸断する。その方法は、日本最大を誇る徳川艦隊を駿河湾に集めて艦砲射撃し、無事通過した官軍には、箱根山を下ったところで八方から攻め込むというものだった。

のちに、この話を聞いた新政府軍の実質的司令官だった大村益次郎は、もし徳川方がこの攻撃を実行していれば歴史は変わっていたかもしれない、と語っている。

ところが、そうはならなかった。将軍である徳川慶喜が主戦論をとらず、ただひたすら恭順を説き、すべてを勝海舟に任せて蟄居《ちっきょ》してしまったからだ。

小栗の心情は、

「両親が病気で死のうとしているとき、もうだめだと思っても、看護のかぎりを尽くすのが子というものではないか。自分はそれをやるのだ」

というものだった。福沢はこれを擁護する。これこそ武士道の「誠」であり、「情け」ではないかと。それに対して勝海舟は、その病人をほったらかしにしたと。

そして、福沢が最も勝を許せなかったのは、多くの幕臣たちが徳川家とともに表舞台から降り、甘んじて清貧のなかで生きたのに対して、勝海舟が維新後、いわば敵側の新政府に招かれて、参議兼海軍卿となって「得々と名利の地位」に就いたことであった。

「これは打算である」

と、福沢は怒る。痩我慢をして筋を通そうとする士風が損なわれれば、外国との戦争になったときにも、ふたたび、同じことをやりかねない。しかるに、その痩我慢を都合よく捨てて、「利」につくような勝は許せない、と。

もちろん勝海舟という人は、己の「利」を求めて行動したわけではない。西郷との江戸城開城の会談のときも、それが不成功の場合は戦う用意を整えて臨んでいた。新政府の高官に就いたときも幕臣たちの抑えとして登用されたのだ。勝は幕臣として、最後の最後まで幕府を守り、将軍慶喜に忠誠を尽くした。だが当時、すでに勝の立場は「日本国」であり、福沢のように「幕府」ではない。公を代表する武士（政治家）の役割として、勝はあの難事を命懸けで守り、国家的見地から当時の日本を救ったのである。

福沢が言わんとすることは十分にわかるが、もしこの論理を推し進めていくと、太平洋戦争の惨憺《さんたん》たる敗北を予測しながらも、本土決戦の一億玉砕を主張した一部の軍部と同じことになる。合理主義の実学をもってする福沢の理論とは矛盾する。したがってこれは、個人の気概を問題にしたと解釈すべきであり、『瘦我慢の説』は福沢が終生唱え続けた「独立自尊」の根底に据えられた武士道の原理だったと見るべきである。

この話には後日談がある。じつは福沢はこの『瘦我慢の説』を明治二十四年（一八九一年）に書き終えたとき、一方的に勝を誹謗したことの闇討ち的行為が気になったのか、使いの者をやって勝に反論を求めた。これに対して勝は、こう言った。

「自分が天下のためにやったことの責任は、自分一人にある。その批判は他者にある。どうぞご自由に」

勝にしてみれば、幕末のあの騒動のなかでなんの働きもしなかった福沢が、いまさら何を言うのかとの思いもあったのだろう。福沢も武士なら勝も武士。いずれ劣らぬ立派なものだ。

こうした経緯があったことから、福沢はこの論文を未発表にしていたのだが、十年後の明治三十四年（一九〇一年）、すでに勝が世を去った（明治三十二年、七十七歳で死去）ことから、福沢の主宰していた「時事新報」に掲載されることになったのである。この年、福沢も六十七歳で死んでいる。

武士道が問い直す「日本人とは何か」

では、なぜ、この明治三十年（一八九七年）の前半になってから、以上のような武士道論が続々と発表されるようになったのか。

それを解く鍵は発表された時期と関係する。じつはこの時期は、やっと日本が近代国家の体裁を整え、大国清《しん》を破り、明治期の全盛を迎えた頃であった。その頂点が明治三十五年（一九〇二年）の「日英同盟」だった。いうなれば日本は維新からはや三十五年で、世界の大国であるイギリスと同盟を結ぶことで欧米列強国の仲間入りをしたのである。

だが、まわりを見渡せば、近代という文明開化がもたらしたものは、必ずしも新しい堅実な価値観を築いているわけではなかった。

今日でいうなら、ちょうど〝平成のバブル期〟と類似する時期だった、といってよい。戦後の日本が世界先進国と肩をならべたのは昭和五十年（一九七五年）の「サミット」（先進国首脳会議）からだが、頂点に立ったのは昭和六十年（一九八五年）の「プラザ合意」以降で、この年日本は「対外純資産」世界一位となり、バブルの絶頂期を迎えた。いわばこの時点で明治以降「欧米諸国に追いつき追い越せ」と掲げてきた近代国家の目標が達せられたのである。ところが、それ以後、国家全体の目標をなくし、日本人は本来もっていた健全さを忘れ、猫も杓子《しゃくし》もマネーゲームに追われ、やがてそれがもとで未曾有《みぞう》の大不況へと転落するのである。〝第二の敗戦〟といわれたゆえんである。

だが、日本を憂う先の明治人たちはあの文明開化のなかで、その精神の荒廃ぶりを見て、改めて「日本人とは何か」「日本はこれでいいのか」という根源的な問いかけをしたのだった。そして、そのアイデンティティーを探し求めたとき、明治の知識人たちは、いま一度武士道精神の崇高さを思い出し、「明治武士道」なるあらたな精神（エートス）を築こうとしたのである。

したがってこれらの著作は、浮かれる日本人に警鐘を鳴らすものだった。いずれもその趣旨は、文明開化に踊らされ、ひたすら個人の欲望に走る嘆かわしい風潮を批判しているのが特色である。換言するなら、それらは過去を切り捨て受け入れた西洋文明によって、日本の社会風潮がまことに軽佻浮薄《けいちょうふはく》のものになったことを嘆き、欧米一辺倒の模倣文化にすぎなかったことを反省するものだった。

これに対して今日の指導者たちは、日本という国家のあの絶頂期からもはや三十年以上が経つというのに、いまだにあらたなる国家目標も立てられず、低迷経済のなかにありながら無節操な〝ノー天気〟ぶりを披露するのみなのである。気骨ある明治人との格差が思い知らされるではないか。

明治人はやはり立派であった。とくに福沢の『瘦我慢の説』と鉄舟の『武士道』は、二人とも新時代を切り拓《ひら》いた自負もあってか、当時の世相を厳しく批判している。封建制度がなくなったのはよしとしても、これでは国土が植民地にならなかっただけで、精神的には植民地になったと同じではないかと、近代日本の直面した最大のジレンマを憂えるのである。

そして福沢は、新しい国家の新しい精神として「独立自尊」を唱え、啓蒙思想家たちもこぞって「和魂洋才《わこんようさい》」を訴えた。この「和魂」こそ、福沢や鉄舟にとって、あるいは新渡戸や内村にとっての「武士道」の精神だったのである。なかでも「本来無一物」を信条とし、無私無欲に生きた鉄舟にすれば、軽佻浮薄な文明開化に踊らされて、日本人のバックボーンであった武士道が失われていくことに堪えられなかったのだろう。

鉄舟は憤慨して語っている。

「滔々《とうとう》たる天下、私利私慾を逞《たく》ましゅうして、邪道天地に満々たらんとしている。あるいは学生子供が、父母師長《しちょう》(先生・先輩)を侮凌《ぶりょう》し、上下ともに人倫の何たるかを顧みざるもの充満しているように見受けられる」

「目下の社会を観ずるに、何事も金力をもって、他人を踏み倒して、人間らしき道徳なぞは、頭からさらさらに考えない畜生界がある」

何か現代の風潮を、そのまま批判されているようで耳が痛いではないか。

鉄舟はけっして旧時代の人ではなかった。西洋知識の導入にしても否定していない。大いに摂取すべきだと主張し「洋才」は認めている。その上で科学は活用すべきものであって、科学に惑わされてはならぬ、と戒めるのである。原発事故の惨禍を体験し、これからもその負の遺産に苦しむ現代日本人としては、慧眼《けいがん》というしかない。

鉄舟の慧眼はさらに法律にまで及ぶ。法律が世を治める上で必要なものと認めながらも、こう言うのだ。

「法はあくまで便宜上の形式にすぎず、人間の精神の実体ではない」

と、その本質をつき、

「(法は)人類霊性の道義の観念にまで、手出しするものではない。否、力のおよぶものではない。このおよばぬ所を、霊活なる精神作用をもって補わなければならぬ。ここがすなわち武士道の活用どころである」

と、武士道の精神が人として生きるべき根本にあることを主張し、その精神が守られていれば法律などなくてもいいのだ、とまで言い切るのである。

激動の幕末維新を確固たる信念で生き抜いた鉄舟ならではの「明治武士道」の気概が伝わってくるではないか。

いや鉄舟のみならず、福沢にとっても、あるいは新渡戸・内村両博士にとっても、この「和魂」である武士道こそ日本人が独自に育て上げた道徳倫理であり、アイデンティティーだったのである。これは今日とて変わるものではない。

第三章

武士道の誕生とサムライたちの美学

「自分を鍛える」こそが武士道の根幹

健全な社会をつくり、美しい自己を確立しようとするとき、最も必要とされるものは何か。それは「かくあるべし」という意志の力であり、その行動を裏づける倫理的な自律心である、と私は思う。意志とは、平たくいえば「やる気」(根性)であり、これが高じたものを「気概」という。どれほど他の条件がそろっていても、この「やる気」や「気概」というものがなければ何も実現しないものである。

前章で私は明治の青年たちがキリスト教のプロテスタンティズムに傾斜していったのは、そこに「自律・自助・勤勉・誠実」といった武士道の精神と同質の要素があったからだと述べた。彼らは幼い頃からこうした精神を日常的に身につけていたからこそ、スムーズに同化していったのである、と。

こうした徳目のなかで、武士道が根幹に置いたものは「自律心」であった。自分で自分の身を律するという心さえできれば、あとの徳目はすべてそこから可能になるからだ。この自律心のもととなるものが「意志力」である。いわばこれこそが運命を切り拓くすべての根源といっていいだろう。

たとえば私たちが、尊敬されたい、立派な人になりたい、世のため人のために尽くしたいといくら願っても、ただ願っているだけでは事は何も成就《じょうじゅ》しない。そこには、それに値する意志と行動がともなわなければならない。この行動を起こす原動力が自律心としての意志力なのである。したがって「私はこういう生き方をしたい」と思ったら、当然のことながら、それに見合う自助、勤勉、行動を自分に課して実行しなければ何事も達成できないのである。

それゆえに武士道においては、この「やる気」を「気概」という徳目に昇華させ、サムライたる本分、すなわち、ひとたび承諾すれば命懸けで約束を守り、他者に対する情をもち、私《わたくし》に奉じず公《おおやけ》に奉じる、という精神を育成した。だから、これらを表す言葉として「男子一諾《いちだく》を重んず」「武士の情け」「滅私奉公」などが生まれ、今日でもなお使用されているのである。滅私奉公などというと、いまの人はすぐに封建的で理不尽な言葉と勘違いしているが、本来の意味は「私心」を捨てて「公」のために尽くすという、ノブレス・オブリージュの精神なのである。

司馬遼太郎がこの武士道の精神を高く評価し、「江戸三百年が築き上げた体系化せざる美的精神像」と言ったことは先に述べたが、江戸期の儒学者で武士道を確立した山鹿素行《やまがそこう》は、武士道の精神を一言でいうならと、こう述べている。
「(武士は)つねに自分を顧み、主人を得れば誠心誠意つかえ、同僚には信をもって接し、独りを慎んで義をもっぱらにすること」(『山鹿語類』)
これが有名な「忠・信・義」の教えである。これらの徳目についてはのちほど詳述するが、ここでも最初に出てくる言葉は「自分を顧み」という自律心である。要するに武士道の根幹をなすものは「自分を鍛える」という人間形成の道徳律に尽きるといってよい。

武士道の源流にある「神《しん》・仏《ぶつ》・儒《じゅ》」の思想

では、こうした武士道の精神は、日本文化のなかでどのようにして形成されたのか。新渡戸博士はそれを「神道」「仏教」「儒教」の、それぞれの思想が混合して完成した日本独自の精神思想としている。

その部分を『武士道』から抜粋する。

《仏教は武士道に運命を穏やかに受け入れ、運命に静かに従う心をあたえた。具体的にいうならそれは危難や惨禍《さんか》に際して、常に心を平静に保つことであり、生に執着せず、死と親しむことであった》(『武士道』第二章)

といっている。この項ではこれ以上の具体的なことは述べていないが、おそらく新渡戸の脳裏には『葉隠』でいうところの「武士道とは死ぬこととみつけたり」という死生観や、危機に直面したときの平常心などを、仏教、とくに禅から影響を受けたものと見なしていたようだ。

「神道」については、こう述べている。

《仏教が武士道にあたえられなかったものは、日本古来の神道がそれを十分に補った。他のいかなる宗教からも教わらないような、主君に対する忠誠、祖先に対する尊敬、親に対する孝心などの考え方は、神道の教義によって武士道へ伝えられた。それによってサムライの傲慢な性質に忍耐心や謙譲心が植えつけられたのである》(『武士道』第二章)

仏教が渡来するまで、日本人の精神を支えていたものが「神」の存在だった。これは森羅万象の自然崇拝から始まった。やがてそれが天照大神《あまてらすおおみかみ》を中心とする国土開発の個々の神々となり、その神社《かみやしろ》は神々の魂の宿るところとなって、おのずから尊崇され、そのことが忠誠心へとつながったというのだ。

この部分は、明治の天皇君主制のもとで〝国家宗教〟たる神道教育を受けた新渡戸と、今日のわれわれとでは少しのズレがあると言わざるを得ないが、姿なき神の存在が畏《おそ》れと尊敬を抱かせ、先祖への崇敬、自然への感謝、孝心、さらには「神への誓い」としての忠誠心が芽生えたのは事実であろう。

だが、それよりも何よりも武士道の徳に絶大なる影響を与えたのは「儒教」であった。儒教については、こう語っている。

《武士道は、道徳的な教義に関しては、孔子の教えがもっとも豊かな源泉となった。君臣、親子、夫婦、長幼、朋友《ほうゆう》についての「五倫」は、儒教の書物が中国からもたらされる以前から、日本人の民族的本能が認めていたものであって、それを確認したにすぎなかった。冷静で穏和な、しかも世故に長けた孔子の政治道徳の教えは、支配階級のサムライにとってはとりわけふさわしいものであった。（中略）

加えて孔子についで孟子の教えは、さらに武士道に大いなる権威をもたらした。孟子の

強烈で、ときには極めて民主的な理論は、気概や思いやりのある性質の人にはとくに好かれた》(『武士道』第二章)

孔子の五つの倫理的関係とは、じつは孟子が説いた「五倫」のことで、「君臣の義、父子の親、夫婦の別、兄弟の長幼の序、朋友の信」を指す。そして儒教には、もう一つ「五常《ごじょう》」というものがあり、こちらは「仁・義・礼・智・信」のことをいい、これこそ道徳律の根本に置かれたものである。五常については別のところで詳述する。

いうまでもなく孔子と孟子は儒学の開祖で〝人倫の道〟を説いた聖者として尊ばれた人物である。俗に「孔孟《こうもう》思想」と呼ばれ、江戸時代には朱子学となって武士階級に大きな影響を与えた。いや、それどころか、これこそ武士道の中核的精神となったものである。

新渡戸は、さらにこう続ける。

《孔子と孟子の著作は、若者にとっては主要な人生の教科書となり、大人の間では議論のときの最高の権威となった。だが、単にこの二人の古典を知っているだけでは、高い尊敬を受けることはできなかった。孔子を知識として知っているだけでは「論語読みの論語知らず」との諺《ことわざ》が生まれたように、それは冷笑の対象とされ、西郷隆盛などは「書物の虫」

として蔑《さげす》んでいる》（『武士道』第二章）

つまり、いくら孔子や孟子の言葉を知識として知っていても、それだけでは何もならないというのである。西郷隆盛も理論だけ振りまわす者を〝書物の虫〟として軽蔑したが、新渡戸もまた三浦梅園《ばいえん》（江戸中期の儒学者）の言葉を借りて、《知識というものは、これを学ぶ者が心に同化させ、その人の品性に表れて初めて真の知識となる》（『武士道』第二章）と、たんに知識を積み重ねて「物知り顔」をしている者を好ましく思っていない。

というのも武士道においては、その知識が智恵となって人格に反映され、行動において実践されなければ無意味とされていたからである。いま風にいえば、受験エリート的な知識偏重主義ではなんの役にもたたない、と。たしかにその通りで、その例はあの学歴エリートであったオウム信者や高級官僚たちが何をしたかを思い出せばわかるだろう。

武士道がこうした考え方をもつようになったのは、江戸中期になって王陽明《おうようめい》の「知行合《ちこうごう》一《いっ》」の思想（陽明学）が深く浸透したからである。知行合一とは、簡単にいえば「知っていても行わざれば知らざると同じこととなり」という実践の哲学で、会得した知識を実際の行動に活《い》かさなければ、それは知識とはいえないというのである。

「命より名こそ惜しけれ」が戦国時代の武士道

こうして武士道は、道徳倫理の精神のみならず、それにもとづいた行動美学の実践者として、さらなる段階へと到達するのだが、そこへ至るまでの経緯を少し補足しておこう。日本の歴史において、武士階級が政権の担い手として登場するのは、源頼朝が鎌倉に幕府を開設してからのことである。

すでに源平合戦の当時から武士道の根幹をなす「フェア・プレイの精神」は根づいており、その例をわれわれは源平の武将同士が〝名乗り〟をあげてから、一騎打ちする姿に見ることができる。あるいはまた、父清盛に反逆したその子重盛が「忠ならんと欲すれば孝ならず、孝ならんと欲すれば忠ならず」と苦悩したように、儒教的な忠義や孝行といった精神が〝人の倫《みち》〟としてすでにあったことがわかる。

だが、それらは普遍的な倫理観というより、むしろ個人の中に育まれた素養といえるものだった。なぜなら、南北朝から始まった社会的秩序の乱れは次の戦国時代になると、いわゆる「下克上」といわれ、弱肉強食の社会となり、勝った者が正義となったからだ。そここには、いまのわれわれが考えるような忠義や節義といったものはない。

極端ないい方をすると、主君がボンクラであった場合は家来がそれに取って代わることもできたし、あるいはまた敵対する戦国大名から「味方をすれば、いまの知行《ちぎょう》（所領）を倍にしてやろう」と誘われれば、自分の主君を裏切ることなども平気で行われた。要するに、当時の武士たちは独立したプロの軍人であり、その行動原理はあくまでも実力主義で、いかに戦場で手柄を立て、自分を高く売るかという一種の契約関係にあった。その代表的人物が「大坂夏の陣」で活躍した後藤又兵衛（元黒田藩家臣）、明石全登《あかしたけのり》（元宇喜多秀家《うきたひでいえ》家臣）、塙団右衛門《ばんだんえもん》（元福島正則家臣）らである。

だが、いかに打算的な戦国時代とはいえ、まったく武士道の心意気がなかったわけではない。たとえば、豊後の戦国大名だった大友宗麟《おおともそうりん》の家臣に森迫親世《もりぜきちかよ》という武士がいたが、彼は討ち死にしたとき、兜《かぶと》の中に、

命より名こそ惜しけれ
武士《もののふ》の道をば　たれもかくやおもはん

との辞世の句を忍ばせていたという。あるいはまた、羽柴秀吉による播磨三木城の攻撃

のとき、城主別所長治・友之兄弟はともに切腹して果てるが、このとき友之は、

命をも惜しまざりけり梓弓《あずさゆみ》
末の世までの名を思う身は

と詠んでいる。この意識は森迫親世とまったく同じである。つまり戦国武士に共通してあった思想は、前出の後藤又兵衛らにもいえることだが、いかに勇猛果敢に戦場の華《はな》として散るか、命よりその誉《ほま》れが重要なことであり、生き恥をさらしたくないという羞恥の美学であった。この思想は武士道における「名誉」という徳目に昇華していくので、項を改めて別のところで詳述する。

「独り我が道を行く」の宮本武蔵

そして、その戦国時代は〝天下分け目〟の関ヶ原の戦いをもって終結するわけだが、そ

れ以後、武士の生き方は一変する。というのも、関ヶ原の合戦で勝利を収めた徳川家康は、そうした無秩序な戦乱の世に終止符をうつべく、「武勲」より「文勲」に重きを置く江戸幕府を開いた。これにより武士の価値観が百八十度転換してしまうのである。

ちょうどその端境期《はざかいき》に登場するのが、のちに剣聖といわれた宮本武蔵であるが、われわれは彼の姿に時代の悲劇というものを感じざるを得ない。

武蔵の出生は定かではないが、関ヶ原の合戦に西軍（豊臣側）の雑兵《ぞうひょう》として加わっていたことだけは確かである。その動機はあくまでも武勲を立てて名だたる大名に士官することだった。だが、豊臣側が負けたために、士官の道は途絶え、浪人して再起を期していた。

ところが、時代が「武勲」よりも「文勲」を求めたことにより、武蔵の武術は立身栄達の手段としては役に立たなくなり、個人的な剣の求道者の道を歩まざるを得なくなったのである。その意味では武蔵は〝遅れてきた青年〟だったといえる。

では、武蔵には、武士道はなかったのかといえば、そうともいいきれない。ご存じのように武蔵には『五輪書《ごりんしょ》』という書があるが、これは柳生宗矩《やぎゅうむねのり》が著した『兵法家伝書』と同様の武術の奥義をきわめたもので、いわば技術書。だが武蔵にはいまひとつ『独行道《どっこうどう》』というものがあり、この中には孤高の求道者として生きた武蔵の処世訓が二十一カ条述べられている。全部を掲載する余裕がないので有名なものだけを挙げる。

一、世々の道にそむく事なし。
一、身にたのしみをたくまず。
一、よろずに依怙《えこひいき》の心なし。
一、身をあさく思い、世をふかく思ふ。
一、一生の間よくしん（欲心）思わず。
一、我、事において後悔せず。
一、身ひとつに美食をこのまず。
一、神仏を尊んで、神仏を恃《たの》まず。

（『五輪書』岩波文庫所収）

『独行道』とは、「独り我が道を行く」ということで、ひたすら己の力だけを信じた武蔵ならではの自省自戒の書である。これは武士道の基本となる「己を磨く」という徳に通じ、立派な武士道精神といえる。

「修己治人《しゅうこちじん》」は家康が求めた理想の教え

さて、江戸幕府を開いた家康であるが、彼は戦国時代の荒波をかいくぐってきた者だけに、なんとかして戦《いくさ》のない平和で秩序ある社会を築こうと考えた。ここで登場してくるのが儒教である。家康は開府そうそう治国の礎《いしずえ》を儒教に求め、江戸三百年の官学としたのだった。

これはまことに慧眼だったといわざるを得ない。なぜなら、儒教の本質は一言でいえば「修己治人《しゅうこちじん》」、すなわち「身を修《おさ》め国を治《おさ》める」という治世の哲学にほかならなかったからである。

しかも儒教は、たんに現実的な政治や行政を説くものではなく、その教義はあくまで個人の徳を基本とした「人の倫」だったので、秩序の安寧をはかる支配者側にとってはきわめて都合がよかったといえる。私利私欲に走る野望のある者は「武士道に悖《もと》る」として、軽蔑の対象とされてしまったからだ。

ただし、儒教といっても、江戸幕府が官学として定めたのは、儒教のなかでも朱子学と呼ばれるものだった。というのも、孔子・孟子が登場したのは紀元前の春秋時代（いまから約二千五百年前）のことであり、漢代に儒学が国教化されてからは、しだいに形骸化《けいがいか》し、訓詁《くんこ》の学、すなわち注釈のための学問に墜《お》ちてしまい、その指導理念も薄くなってしまったからだ。

この儒教に新しい活力を注入したのが、宋代（九六〇～一二七九年）に登場した南宋の朱熹《しゅき》である。人々から尊敬されて朱子《しゅし》（朱先生）と呼ばれたことから、その名をとって「朱子学」という。

すでに日本では鎌倉時代の五山の僧により伝えられていたが、京都・建仁寺の僧で朱子学の研究者だった林羅山《はやしらざん》が徳川家康に召し抱えられてから、幕府の思想・教育の基幹となった。

朱子学の理論は複雑なので割愛するが、その趣旨は『大学』という本に出てくる八つの徳目、すなわち「格物・致知・誠意・正心・修身・斎家・治国・平天下」（第六章で詳述）という、「身の修養」を積んで「天下を治める」というものである。

しかも、朱子学では、そうした身の修養をおこたらなければ、誰もが努力次第で、儒教でいうところの「聖人」「君子」になれると提唱したことから、つねに個人の「教育」が重んじられるようになるのである。

その表れが、朱子の作として伝えられている次の漢詩である。

少年老《お》い易《やす》く、学成り難し
一寸の光陰、軽んずべからず
未だ覚めず、池塘春草《ちとうしゅんそう》の夢
階前《かいぜん》の梧葉《ごよう》、すでに秋声《しゅうせい》

江戸時代の武士道はこの朱子学を根底に据えた。したがって、武士は天下泰平をなすには自己の教育、つまり修身道徳を磨くことにあるとされ、ここに身を修める「修身」が重要視され、自発的に儒教の説く徳目が強要されていくのである。

いうなれば、この朱子の思想は、家康が求めた秩序安寧の国家を築く理想とぴたりと一致し、ゆえに武士道はサムライの道徳倫理として不文律となっていくのだった。政治家としての家康の活眼《かつがん》には驚くばかりである。

「正義の戦い」を貫いた石田三成

では、なぜ家康は、織田信長も豊臣秀吉も考え及ばなかった〝武士の教育〟というものを思い立ったのか。もちろん、秩序ある平安な国家を築くためには「人間を鍛える」といった教育の大切さを知っていたからであろうが、それだけではない。じつは家康は天下取りの最終戦となった関ヶ原の合戦で、本当のサムライとはどうあるべきか、身に染みてその教訓を得たからである。

当時、家康の率いる三河武士団は、天下に鳴り響いた忠誠無比の最強軍団として知られていた。だが、その勇猛果敢な三河武士を相手に一歩も引けをとらないどころか、震え上がらせるほどの戦いぶりを示した武士団がいた。敵側(豊臣側)の実質的総大将だった石田三成、大谷吉継、宇喜多秀家の三人が率いた軍団である。

すでに豊臣秀吉が死んだ時点から天下の形勢は徳川に流れ、機を見るに敏な大名たちはこぞって家康になびいていた。石田三成も黙って徳川の傘下に入っていれば、お家は安泰だったはずだ。ところが〝豊臣天下会社〟にあって取締役社長室長のポストにすぎなかった三成が、次期社長必然と思われた実力副社長の家康を相手に、敢然と、全国の諸大名を二分して大戦《おおいくさ》を仕掛けたのである。

多くの諸大名にとっては徳川に歯向かうなど無謀と映ったが、三成はこの戦いを〝正義の戦い〟として説得した。なぜなら、秀吉は死ぬ間際に、家康以下の五大老・五奉行を集めて〝豊臣天下会社〟の後継者にその子秀頼を継がせることを決定していた。もちろん家康も承知していた。にもかかわらず、家康は秀吉が死ぬと権謀術数のかぎりを尽くして、社長の椅子をわが物にせんと画策しだしたからである。

三成にすれば家康は不忠義である。そこで三成は家康を卑怯者《ひきょうもの》と誹謗し、その卑怯者が〝天下人〟になることは「天下の名分《めいぶん》がたたない」として戦いを挑んだのである。ゆえに三成は「これは義戦である」と言う。

だが、時代はまだ下克上の気風が残る実力社会である。実力ある者が天下を取るのは当時の常識であり、正義などという概念はいまだ一般的ではなかった。家康にすれば「三成め、理屈ばかり振りかざしおって」と片腹痛いことであったろう。

しかし、筋論でいえば三成に軍配が上がる。だからこそ後世（正義の思想を説く朱子学が入ってから）、人々は策略にかけた家康を〝タヌキ親父〟と侮蔑し、敗れたりとはいえ三成を〝正義の武士〟と称えたのである。

もちろん賢明な家康には「正義の尊さ」がわかっていた。だが、それでは関ヶ原の合戦の面目が立たない。そこで豊臣家から政権を奪った徳川家の立場を正当化するために、家康は徳川政権三百年にわたって、三成に奸人《かんじん》（悪者）の汚名を着せた。たった一人の人物を、時の権力がこれほどの長きにわたって憎み続け、悪神の祭壇にかかげた例は世界史上でもめずらしいことである。

だが、いかに家康がそうしたところで、後世の歴史はそれを認めていない。水戸黄門で知られる徳川光圀《みつくに》（家康の孫）は、その言行録『桃源遺事《とうげんいじ》』の中で、

「石田治部少輔《じぶのしょうゆう》三成には憎からざるものがある。人おのおのその主人のためにはかるというのは当然で、徳川の敵であるといっても憎むべきではない。君臣ともに心得べきことなり」

と、はっきりと記している。

江戸の人々も三成自身を誉めることは憚《はばか》られたので、彼の軍師であった島左近を〝関ヶ原合戦の華〟と称えることで三成を偲《しの》んでいる。三成が死を懸けて貫いた「正義」は、こうして武士道における第一の徳目となるのである。

「信義」のために華と散った大谷吉継

さて一方、大谷吉継である。

吉継は豊臣政権下にあって敦賀五万石の大名であった。関ヶ原の合戦ではハンセン病におかされた体で出陣し、そのいでたちは両眼だけを出した白装束に身を包み、動けぬ体を板輿《いたごし》に載せて、獅子奮迅《ししふんじん》の働きをした。その勇猛果敢な戦いぶりは江戸期のサムライたちの語り草となり、〝武士道の鑑《かがみ》〟と謳《うた》われた。

吉継が三成側についたときは、さすがの家康も「なぜ、吉継ほどの智将が」と解《げ》せなかった。吉継は関ヶ原が始まる直前まで、家康が天下の覇権を目指して企《くわだ》てた上杉征伐のときは、その軍門にあった。そのまま徳川方にいれば、豊臣家きっての智将といわれていた吉継だけに、徳川政権下でも大大名《だいだいみょう》の地位は保証されたはずだ。ところが、その吉継が三成に味方した。

なぜか。一言でいえば、三成との長年の「友情」から決起したといえる。友情という概念は明治以後に輸入された言葉で当時はまだない。あえていえば朋友に対する「信義」あるいは「恩義」といったものである。戦国の世にあって三成と吉継は、その絆《きずな》で結ばれていたのである。

吉継は頭脳明晰《めいせき》な男だけに、家康と戦っても勝つ見込みがないことを知っていた。そこで三成が家康打倒の密謀を吉継に打ち明けると、「無謀だ！　自滅するぞ」と再三にわたって諫《いさ》めた。「いかに義のためとはいえ、戦にそんな理屈は通らん」と。

だが、三成の決心は固い。吉継は悩んだ。思えば三成と自分は秀吉の小姓役として、少年時代から苦楽をともにした仲だった。三成自身も「紀之介（吉継の幼名）は生涯の友《とも》垣《がき》」と自慢していた。それを示す逸話がある。

秀吉が主催した茶会の席でのことだ。吉継は病気のためすでに顔面が崩れていた。まわってきた茶を飲もうとしたとき、鼻汁が茶碗に垂れてしまった。居並ぶ大名たちは気味悪がって、飲むまねをして次々にまわした。だが、三成だけは何も気にすることなく飲み干したのだった。

吉継は来し方往く末を思う。今日、自分があるのは秀吉様の恩顧と三成の友情があったればこそだ。もはや秀吉様は亡く、この友は〝義戦〟のために自滅を覚悟で家康に挑むという。もはや体も動かぬ身となり果て、余生を安穏に過ごすことばかりを考えてきたが、どうせ死ぬのなら誰かの役に立って死にたい。

「三成、わが命、そなたにくれようぞ！」

あまたいる豊臣側武将のなかで、友情（信義）のために関ヶ原の合戦に出陣したのは、この男、大谷吉継ただ一人であった。朋友のために「信」を守る、吉継はそれを実行したのである。

「恩義」に報いて死んだ宇喜多秀家

そしてもう一人、宇喜多秀家である。

宇喜多秀家は備前五十七万石の大大名であった。幼少の頃から秀吉に可愛がられ、十三歳のとき秀吉の養子となった。以後、羽柴秀家を名乗る。二十六歳で家康とならぶ大老職に就き、関ヶ原では豊臣側の副大将となって参戦した。ときに二十八歳。悲劇の貴公子としてその名を残している。

関ヶ原の合戦というと、誰もが大激戦が繰りひろげられたと思うだろうが、実際はそうではなかった。豊臣軍のなかには家康と内々に密約していた武将や、日和見《ひよりみ》を決め込んでいた大名も多く、実際に戦ったのは石田三成隊、大谷吉継隊、小西行長隊と、この宇喜多秀家隊ぐらいのものであった。

なかでも宇喜多秀家の率いる部隊は、豊臣恩顧の武将でありながら徳川方についた猛将・福島正則隊と戦い、その戦いぶりは空前絶後の死闘を展開した。しかも、秀家は他の大名たちのような野心も打算もなく、ただただ豊臣恩顧に報いるためと、勇壮無比の戦いぶりを見せたのであった。

現実主義者の家康にはこれがわからない。いかに豊臣に恩義があるとしても、福島正則も加藤清正も、ましてや同じ豊臣の養子になった小早川秀秋などは家康の内通に応じ、大裏切りをした男だった。

むろん家康は宇喜多秀家を味方につけるために再三の工作をしていた。だが、秀家はそんな誘いを一顧だにもしない。それどころか、狡知《こうち》に長《た》けた家康を嫌い、秀吉の死去以来、「家康を滅ぼさなければ豊臣家はつぶれる」と公言して憚《はばか》らなかった。秀家は貴公子として育てられただけに、潔癖といえるほどの〝義の人〟であったのだ。

秀吉は臨終の前に大老職の一人ひとりに言葉を残すが、秀家にはこう言っている。

「備前中納言殿（秀家）は、幼少の頃からわが子同然に取り立ててきた。秀頼を守り立てるについては余人とは違う。頼むぞ」

秀家はこの言葉通り、忠義一筋に従ったのである。関ヶ原の合戦において、わが身を捨てて、打算も野心もなく、ただひたすら純粋に秀吉の恩義に報いるために戦ったのは、この若き宇喜多秀家だけだったといえる。だからこそ彼は、死をも恐れぬ最強軍団の先頭に立って戦ったのである。

関ヶ原の合戦後、家康はこの戦いを振り返って思った。なぜ、三成、吉継、秀家は、あれほどの武者ぶりを発揮したのか、と。

明敏な家康は分析する。三成には「正義」があった。吉継には「信義」があった。そして秀家には一途な「忠義」があった。それらが「勇」となり、死を超越した戦いぶりを発揮させたのだ。ならばこそ、己の保身や野心、あるいは打算で臨んだ武将たちよりも勇猛果敢な戦いができたのではないかと……。

家康は、彼らから本物のサムライとは何かを教えられたのである。

「三成、吉継、秀家は敵ながらあっぱれであった。彼らこそ武士の本道をいくサムライであった。わが徳川の武士も忠誠勇猛では劣らぬが、そこに義はあるか、そこに信はあるか、そこに恩はあるか。徳川の御代《みよ》を永代《えいたい》続けるためには、こうしたサムライの精神こそ育てるべきだ」

かくして家康は、かつて信長も秀吉も試みたことがなかった〝武士を教育〟するという制度を、〝人の倫〟を説いた儒学の教えによって養おうとしたのである。ここに江戸時代における「己を磨く」精神修養としての武士道が本格的に誕生したのである。

なぜ『忠臣蔵』は武士道の華といわれるのか

ところで、われわれが武士道をイメージする場合、多くの人は年末の恒例行事といわれている『忠臣蔵』を思い抱くのではなかろうか。たしかに『忠臣蔵』は今日でも〝武士道の華〟として語り継がれている。

『忠臣蔵』は歴史学的には「赤穂浪士仇討《あだう》ち事件」という。元禄十五年（一七〇二年）十二月十五日未明、元赤穂藩浪人の四十七人が主君の敵《かたき》である吉良上野介《きらこうずけのすけ》を討ち取ったという事件である。のちにこれが竹田出雲らによって歌舞伎の『仮名手本忠臣蔵』として集大成され、以後、日本人の最も好きな物語として語り継がれているのである。

三百年以上も前の封建時代の仇討ち事件が、科学万能の現代社会にあって、いまなお観る者の心を打ち、涙を誘うというのは、考えてみれば異常なことである。それはこの物語のなかに日本人の魂を揺さぶる、理屈では割り切れない、わが国固有の情念といったものがあるからではないのだろうか。

言い換えるなら、お家断絶となった元赤穂藩士四十七名の浪士が、家老大石内蔵助《おおいしくらのすけ》のもとに結集し、艱難辛苦《かんなんしんく》に堪えながら亡君の仇を討つという粗筋《ストーリー》のなかに、忠義、節義、信義、忍耐、滅私、犠牲、勇気、名誉、といった武士道精神のエキスが凝縮されており、命を懸けて目的を果たした行為に、武士のいさぎよさといったものを感じ、涙し、拍手しているのであろう。それゆえにこそ彼らは、罪人でありながらも「義士」という、サムライとして最高の栄誉を授けられ、〝武士の誉れ〟として永遠に語り継がれているのである。

「義士」と呼ばれたことについて、新渡戸はこう述べている。

《「義士」という呼び名は、学問や芸術の熟達を意味するいかなる言葉よりも「優れた者」と考えられた。わが国の大衆教育にとりわけよく引用されている『忠臣蔵』の武士たちは、俗に「四十七人の義士」として知られている。狡猾《こうかつ》な策略が軍事的な戦略としてまかり通っていた時代に、この率直で、正直で、男らしい徳は、最高に光り輝く宝石であり、日本人がもっとも高く賞賛する対象だったのである》（『武士道』第三章）

主君のために、四十七人もの男が身分を捨て、家族を捨て、わが命を犠牲にしてまで仇を討たなければならなかった理由はなんだったのか。今日の合理主義から考えればきわめて不合理なことであるが、それでもなお現在の日本人に愛されるというのは、あの理不尽な〝お上《かみ》〟の裁きに対して、彼らが命懸けで正義を貫いたその行為に、われわれは胸を打たれるからである。

この赤穂浪士を描いた小説のなかに池宮彰一郎著の『四十七人の刺客』というのがある。サムライとしての内蔵助の心情が見事に描かれているので、それを引用してみる。

「侍とは、身分だけのものではない。むしろ心栄《こころば》えのものではあるまいか。侍には侍の踏むべき道がある。為《な》さねばならぬ事と、為してはならぬ事がある。自らをかえりみて道にそむいたと思うたときは、法を俟《ま》たずして自裁して終わる。それが侍の矜持《きょうじ》というものだ」

「人のいのちは、いつかは終わる。どれほど惜しんでも必ず終わる。……終わって後の世に残るものは何か、金か、物か。そのようなものは、時の流れの中にはかなく消え失《う》せよう。百年、人が記憶し、語り継ぐは、何をこころざし、惜しき命を費やして遂げんとしたか、その行跡《ぎょうせき》しかないのだ」

もちろんこれは池宮氏の創作であるが、私は内蔵助の〝侍の踏むべき道〟の決意に、毅然たる武士道を見るのである。江戸期の武士道は「正義の遂行」にあったといえる。

赤穂藩士を教育した山鹿素行の「志道」

ところで、江戸三百年の間には、こうした理不尽なお家断絶や騒動などはほかにもあったろうに、なぜ、赤穂浪士だけが武士道を貫き、武士としての最高の賛辞である「義士」と呼ばれるようになったのか。

その理由を、私は赤穂藩の武士が山鹿素行の薫陶を受けたからだと考えている。武士道がいかに新渡戸の言うような「高き身分にともなう者の義務」といったところで、それを自覚させるには教育しかないからである。

山鹿素行は、徳川家光が三代将軍になる一年前の元和八年（一六二二年）、会津藩士の子として生まれた。江戸に出て林羅山に儒学を学び、小幡景憲、北条氏長から軍学を習得し、多くの兵法奥義書を書き、あまたの大名や武士たちに軍学を講義して名声を馳せた。

だが、やがて幕府の官学である朱子学を批判したことから江戸を追われる。このとき預けられたのが赤穂藩だった。ときに寛文六年（一六六六年）、素行四十五歳のときである。

素行の赤穂滞在は約十年間にわたったが、それ以前にも赤穂藩に仕えたことがあるので、素行と赤穂藩とは深いつながりがあった。彼は藩主や藩士たちに思想的に大きな影響を与えた。内蔵助も少年時代に素行から直接学んだ一人だった。

素行は何を教えたのか。それは泰平の時代における武士の役割とは何か、ということだった。すでに幕府開設から六十余年、世は武力を必要としない泰平の時代に変わっていた。と同時に、武士はかつての軍人的要素を保ちながらも、その実態は行政官（役人）としての任務に変貌《へんぼう》していた。いまでいうなら徳川の幕臣が国家公務員、各藩の藩士が地方公務員として官僚・役人の役割を担っていたのである。

そのために山鹿素行の説いた講義は、実践に即した兵法学よりも武士としての心得、すなわち泰平の世における〝武士の生き方〟を教えたのである。そして儒学者としては必然的に個人の修養としての道徳論に重きを置かざるを得なかった。この講義を素行は「武」を抜いたことから「志道」と名付けている。

たとえば、こうだ。

「……農・工・商にたずさわる人たちは、それぞれの使命をもって生活している。それなのに武士だけは農民のように大地を耕すこともなく、工人のように物を造ることもせず、商人のように売買に従事もせずに暮らしていけるのはなぜか。
わが身を振り返ってみると、自分は先祖代々の武士で幕府に奉公する身分にある。つまり、耕さず、造らず、商売をせず、という境遇にある『士』である。このような武士に生まれた以上、当然、武士としての職務がなければならない。何の職分もなく徒食しているようでは、遊民と軽蔑されても返す言葉がない」(『山鹿語類』)
と、いまや徒食となった武士の境遇を嘆いている。徒食とは何もしないで暮らすことだ。動物でさえそれぞれの役割をもって生きているのに、万物の霊長である人間が、しかも農工商三民の上に立つ武士が何もしないで飯を食うとは〝天下の賤民《せんみん》〟である、と素行は断じたのである。
もともと武士は、戦いに備えて「武」をもって主君を守るのが本分であった。だが、いまや徳川の政権は盤石《ばんじゃく》のゆるみなく天下泰平である。武は必要ではなくなった。となれば、何をもって武士の新たなる本分とするか、その存在理由が問われていたのである。

泰平の世の「武士の本分」とは何か

こうした忸怩《じくじ》たる思いは山鹿素行だけのものではなかった。あの『養生訓』で知られる貝原益軒《かいばらえきけん》も素行と同じく新たなる武士の本分を実行した一人であった。

ご存じのように益軒は、八十五歳の生涯においておびただしい著述を残した人物であるが、その動機は〝天下の賤民〟に対する反省から出たものだった。たとえば、その著『文訓』に高弟竹田定直が記した序文があるが、その中に益軒がつね日頃門人に語っていた言葉がある。要約して述べる。

「社会層の上に立つ武士が、ただ飯を食らって何もせず、空《むな》しく日々を過ごすのは罪深いことである。そこで私はいささか文章をつくることができるので、書物を書き、世人に教え諭すことをすれば、なにがしかのつぐないになるだろう」（日本の名著『貝原益軒』所収）

益軒は死ぬまで筆をはなさなかった理由を、武士として庶民になり代わって啓蒙する「師」の役務を天職としたい、と語っているのだ。

貝原益軒は寛永七年（一六三〇年）、福岡黒田藩の武士の家に生まれた。十九歳のときから登城し、一時、罷免された時期があるものの、儒官として七十一歳まで仕えている。「益軒＝養生訓」という図式があまりにも有名なため、彼を医者だと思っている人がいるが、本職は儒学者である。そのほか医学、本草《ほんそう》学、天文学、地理学までこなしているので、博物学者と呼ぶにふさわしい。著書も『養生訓』をはじめ『大和本草』『筑前国続風土記』『大和俗訓』など名著と呼ばれるものを残している。

貝原益軒は素行より八歳年下であるが、ともに江戸時代の絶頂期といわれた元禄年間に活躍した。『養生訓』を読めばわかるが、この本は具体的な健康管理の方法を述べているだけではない。儒教思想による「人生の指南書」といえるもので、長生きしたければ「知足《ちそく》安分《あんぶん》で生きろ」（足ることを知り、分に安んじる）と、心の摂生を説いているところなど、まさに庶民の「師表」（先生）である。新しい武士の生き方を示しているといえる。

泰平の世が続けば「武力」は必要なくなる。それに代わって武士は「庶民の見本」となることが要求されだしたのだ。そこで益軒は、あらたなる武士の本分として、こう結論づけた。

「武士は民の師表であり、指針であらねばならない。したがって日常身を慎み、廉恥を忘れず、いついかなる事があろうとも国（藩）の安泰を保ち、民の平安を守ることを要する。泰山《たいざん》富嶽《ふがく》の重さと、北斗の星が示すたしかな方向を民に感じさせてこそ、武士の尊厳は保たれる」

これこそ先に述べた「ノブレス・オブリージュの精神」である。元禄以降の武士は、農工商にたずさわらない非生産者であるがゆえに、支配者側の官吏として、あるいは公に生きる者として、庶民の模範となる行動美学の追求者としての義務が与えられた。ここに武士道は新しい息吹を吹き込まれ、日本人の精神文化の担い手となっていったのである。

「人間の芸術品」として描かれた河井継之助

では、こうした新たなる武士道に鍛えられたサムライたちは、どのような生き方を後世に残したのか。

司馬遼太郎は、幕末期のサムライたちを「江戸三百年の縮図として現われた」と言ったが、その証として、彼は『峠』という名作を書き残している。そこで、ここでは『峠』の主人公河井継之助をその見本として取り上げてみよう。

まず『峠』を書いた動機を、司馬さんは「あとがき」でこう述べている（新潮文庫版）。

「……幕末期に完成した武士という人間像は、日本人がうみだした、多少奇形であるにしてもその結晶のみごとさにおいて人間の芸術品とまでいえるように思える。しかもこの種の人間は、個人的物欲を肯定する戦国期や、あるいは西洋ではうまれなかった。サムライという日本語が幕末期からいまなお世界語でありつづけているというのは、かれらが両刀を帯びてチャンバラをするからではなく、類型のない美的人間ということで世界がめずらしがったのであろう。（中略）私は、この『峠』において、侍とはなにかということを考えてみたかった。それを考えることが目的で書いた」（傍点は引用者）

このように司馬さんは、幕末期に完成した武士という人間像を〝人間の芸術品〟としてとらえ、その典型として河井継之助を描ききったのである。

『峠』を読んでいない人のために河井継之助の概略を紹介しておくと、彼はあの幕末期において中級武士から這《は》い上がり、越後長岡藩の執政（筆頭家老）となった人物である。自分の属する藩が譜代大名であったがために、徳川恩顧をおもんぱかって、官軍にもくみせず、さりとて幕府軍にも加担せず、当時の日本においてスイスのような〝武装中立国家〟を築こうとした希代の傑物だった。

とはいえ、継之助は他の司馬作品に登場する坂本龍馬や土方歳三のような有名人でもなく、吉田松陰や高杉晋作のような革命者としての名も残さなかった。ましてや西郷隆盛、大村益次郎、江藤新平らのように明治維新の偉勲者にも列せられなかった。あくまでも長岡という一地方のサムライでしかなかった。いや、それどころか、戊辰戦争の最大の戦場となった北越戦争の指導者として、全藩を潰滅させたために、ながらく長岡市民から恨《うら》まれた人物だったのである。見方によっては「悪人」とも受け取られる人物なのだが、司馬さんは『峠』を書くことによって、その評価を一変させたのである。

越後に官軍が押し寄せたとき、周囲の藩は譜代・外様に関係なく時勢のおもむくまま、戦うことなく降伏した。降伏すれば藩が保たれ生命が保証されたからだ。継之助も時流に従っていれば、藩は救われ、彼自身も「長岡に河井あり」といわれたほどの人物だけに維新政府でも高官に抜擢《ばってき》されたであろう。

だが、継之助はその道を選ばなかった。時勢に従うことは右顧左眄《うこさべん》であり、武士としての矜持が許さない。あくまでも譜代家臣としての節義を守り、武士道の正義、すなわち「いかに行動すれば美しいか」の美意識のもとに死を選ぶのである。

なぜか――。

司馬さんが説明する。

「彼は越後長岡藩の藩士で、ここの士大夫ですから、そこから脱却すると、彼のすべてのモラルが崩壊してしまうんですね。自由人である河井継之助はいろいろなことを思えても、長岡藩士としての彼は、藩士として振舞わなければならない、そういう立場絶対論といったふうの自己規律、または制約が、河井の場合は非常に強烈だったろうと思うんです。(中略)結局、かれは飛躍せざるをえない。思想を思想としてつらぬかずに、美意識に転化してしまうわけです。武士道に生きたわけです」(『手掘り日本史』)

では、継之助のどこが司馬さんの言う「成敗利潤《せいばいりじゅん》を問わず」の美意識だったのか。

継之助が官軍とわたりあった「小千谷《おじや》会談」の不成功のあと、一転して奥羽越列藩同盟に参加していく部分を、司馬さんの気分を損なわないように『峠』の本文から引用する。

「継之助は、城内に上士一同の参集をもとめ、さらにいままで藩領内に入れなかった会津、桑名の隊将らの参集ももとめた。

やがてかれらがあつまるや、小千谷での会談のいきさつをくわしくのべ、

『これ以上は、道がない』

といった。

『むろん、全藩降伏という道はある。しかしながら、わが長岡藩はそれを望まぬ』

——いまや是非なし。

と、継之助の演説は、この当時の通例としてほとんど漢文のよみくだしに近い。

『瓦全《がぜん》は、意気ある男子の恥ずるところ』

という。瓦としていのちを全くするというのは意気のある男子のとる道ではない、と言い、

『よろしく公論を百年の後に俟《ま》って玉砕せんのみ』

という。いずれが正しいか、その議論がおちつくのは百年のちでなければならない。（中略）全藩戦死することによってその正義がどこにあるかを後世にしらしめたいという」

「それでも日本男児か！」の真の意味

継之助は、一藩全滅を懸けて後世に何を訴えようとしたのか。いわずもがな、武士道の美的精神であり、本当のサムライの生き方を問うたのである。続いて真骨頂の司馬さんの筆にゆだねる（この部分は滔々《とうとう》たる名文なのでぜひ、声に出して読んでいただきたい）。

「――考えてもみよ。

と、継之助はおもう。いまこの大変動期にあたり、人間なる者がことごとく薩長の勝利者におもねり、打算に走り、あらそって新時代の側につき、旧恩をわすれ、男子の道をわ

すれ、言うべきことを言わなかったならば、後世はどうなるだろう。

——それが日本男子か。

と、おもうにちがいない。その程度のものが日本人かと思うであろう。知己を後世にもとめようとする継之助は、いまからの行動はすべて「後世」という観客の前でふるまう行動でなければならないとおもった。

さらにまた。

人間とはなにか、ということを、時勢に驕《おご》った官軍どもに知らしめてやらねばならないと考えている。驕りたかぶったあげく、相手を虫けらのように思うに至っている官軍や維新政府の連中に、いじめぬかれた虫けらというものが、どのような性根をもち、どのような力を発揮するものかをとくと思い知らしめてやらねばならない。

——必要なことだ。

と、継之助は考えた。長岡藩の全藩士が死んでも人間の世というのはつづいてゆく。その人間の世の中に対し、人間というものはどういうものかということを知らしめてやらねばならない」

こうして継之助の率いる長岡藩は、維新戦争最大の激戦となり、他に類を見ない全藩全滅という悲惨な結末を迎えるのである。

だが、それでも司馬さんは「挫折ではなく、彼にあっても江戸期のサムライにあっても、これは疑うべからざる完成である」と是認するのだ。なぜなら、サムライが求めるものは「義」であり、利害損得ではない。いかに人間として恥ずかしくない行動をとったかである。継之助はこれを後世に問うたのである。

この箇所はまさに、いまは亡き司馬さんが、「義」（人間としての正しい道）を忘れ、「利」のみに走る無節操な現代人を憂えて、そのふがいなさを叱咤激励《しったげきれい》しているように聞こえてくるではないか。

それはさておき、読者のなかには指導者（筆頭家老）としての継之助を考えるとき、己の美学のために全藩を犠牲にした決断は政治家として正しかったのか、との疑問をもたれる人もあろう。私も同感である。なぜなら政治家という職業は、いかなる場合でもまっさきに庶民の生命と財産を守るのが義務だからである。この事実があったからこそ、長岡市民は後世においても継之助を「悪人」と評したのである。

司馬さん自身も政治家としての継之助には疑問を呈している。その証拠に、この『峠』以前に継之助を主人公にして描いた短編『英雄児』（『王城の護衛者』所収）では、「英雄というのは、時と置きどころを天があやまると、天災のような害をすることがある」と、その悲劇性を訴えている。

したがって、この『峠』においても、継之助が単純に自己の美学だけで全藩を潰滅させたとは書かれていない。そこに至るまでには政治家としての万全を尽くし、その行動が行き詰まったとき、「美《び》ヲ済《な》ス」として、武士道の美学に昇華させたのである。

その選択が正しかったかどうか。継之助は後世に託したのであるが、その後世の司馬さんは江戸期のサムライの美意識から、それを「是非なし」と肯定した。自藩の利害だけを考えて時勢に従ってしまえば、生きながらえることはできたであろうが、サムライの美意識はどこにあるのか、それでも日本男児といえるのか、と。

その意味では河井継之助は政治家ではなく武士そのものであったというべきだろう。武士道の美学は、「安危を問わず、打算に走らず、志に生きる」ということである。何事にも損得を第一に考える現代の日本人の思考からすれば、「なんとバカな」と思われようが、この精神があったればこそ、後世、世界に誇れる「武士道」あるいは「サムライ」という言葉が残ったのである。

第四章

武士道のバックボーンは「義」「勇」「仁」「礼」

「義」とは、人間としての正しい道

この章から具体的な武士道の徳目について述べる。

前述したように、私が立脚する立場はキリスト教徒である新渡戸博士が著した『武士道』を心のよりどころとしている。したがって本書でも、その『武士道』に登場する徳目、すなわち「義」「勇」「仁」「礼」を中心にして、私なりの現代的解釈を加えて述べていくことにしよう。

さてそこで、武士道といった場合、その中心となる徳目とは何かと問われれば、それはまぎれもなく「義の精神」ということになる。ためしに「義」という文字を辞書で引くと、「①道理。条理。物事の理にかなったこと。人間の行うべきすじみち。②利害をすてて条理にしたがい、人道・公共のためにつくすこと」（『広辞苑』）とある。

簡単にいえば、「義」とは、打算や損得のない人間としての正しい道。すなわち「正義」のことである。「義」から派生した語彙《ごい》には「大義」「道義」「節義」「忠義」「仁義」「信義」「恩義」「律義」などがあり、さらには「義理」「義務」「義憤」「義侠」「義士」「義民」

「義挙」などが生まれている。いずれも人として行う正しい道にもとづいている。多くの派生語があるということは、いかにかつての日本人が「義」を精神的支柱とし、重要視していたかということの証である。

新渡戸博士も筆頭に挙げて、こう説明する。

《「義」は武士の掟《おきて》の中で、もっとも厳格な徳目である。サムライにとって卑劣なる行動、不正なふるまいほど忌《い》まわしいものはない。（中略）真木和泉守《いずみのかみ》という武士は、「武士の重んずるところは節義である。節義とは人の体にたとえれば骨に当たる。骨なければ首も正しく上に載ってはいられない。手も動かず、足も立たない。だから人は才能や学問があったとしても、節義がなければ武士ではない。節義さえあれば社交の才など取るに足らないものだ」と述べている》（『武士道』第三章）

「義」とはサムライにおける骨、すなわち精神のバックボーンだというのだ。才能よりも学問よりも「義」のほうが大事である、と。

そして孟子の言葉を借りて、「仁とは人の安宅なり、義とは人の正路なり」と。その意味は、仁は人の根源となる良心であり、義は人としての正しい道ということである。

そのために武士は、この「義」を武士道精神の中心に据え、これを踏みはずした者は卑怯者として糾弾の対象となったのである。新渡戸博士が言うように、なんと厳しい掟であることか。

なぜなら、簡単に「人としての正しい道」といっても、それは個人的な観念であり、いわば〝道徳《モラル》〟である。実行しなければ罰せられるといった〝法律《ルール》〟とは違う。法律ならば「してはいけないこと」が法文化されているが、自己の内的規範である道徳は人間の内面に据えられた「良心の掟」ということで、成文化されているわけではない。したがって「義」を理解するには、その前にこの「良心の掟」がなんであるかを熟知しておかねばならないからだ。

では、「良心の掟」とは何か。

武士道が儒教を源流として成り立ったことは前に記したが、その儒教は人が人として守るべき精神として、「仁・義・礼・智・信」の、いわゆる「五常《ごじょう》の徳《とく》」を教え、さらには「忠・孝」を合わせた七つの徳で〝人の倫〟を説いた。簡単にいうなら、「仁」とは思いやり、「義」とは正義の心、「礼」とは礼節、「智」とは智恵、「信」とは信頼のことである。また「忠」とは誠を尽くすこと、「孝」とは目上の者を大切にすることである。

わかりやすくいうなら、「人には優しくあれ」「正直であれ」「嘘をつくな」「約束を守れ」「弱い者をいじめるな」「卑怯なことをするな」「誠意を尽くせ」「親孝行をしろ」といったことで、これらの思いを「良心」というのである。キリスト教ではこれを「神の声」と教えている。だからこそ人はこれらを犯すとき、「良心はないのか」と非難したり、「良心の呵責《かしやく》に堪えきれない」といった言葉を使うのである。

「義」は武士道の最高の支柱

重要なのはここからで、武士道はこの「五常の徳」のなかで、とくに「義」を最高の支柱に置いた。なぜか。

それは、この「義」が他の徳目とくらべてみたとき、最も難しく、〝治世の術〟としていちばん重要な徳目だからである。というのも、「義」は武士のみならず、いかなる人間においても、どのような社会にあっても、人の世の基本となるもので、もし、この「義」（正義）が守られなければ、嘘が乱れ飛び、不正がはびこり、平穏な秩序ある社会など築けないからだ。つまり「正義」こそは、人間が社会的動物として生きる上での普遍的な原理なのである。

この正義の大切さについては、内村鑑三は前出の『代表的日本人』の中で、西郷隆盛の例を出して、こう言っている。

「『正義のひろく行われること』が西郷の文明の定義でありました。西郷にとり『正義』ほど天下に大事なものはありません。自分の命はもちろん、国家さえも、『正義』より大事ではありませんでした。西郷はいいます。

『正道を歩み、正義のためなら国家と共に倒れる精神がなければ、外国と満足できる交際は期待できない。その強大さを恐れ、和平を乞い、みじめにもその意に従うならば、ただちに外国の侮蔑を招く。その結果、友好的な関係は終わりを告げ、最後には外国につかえることになる』」

本物のサムライであった西郷は、わが命よりも、国家よりも、「正義を貫くこと」がすべてであり、国家間の外交でさえ、そのもとは正義であるというのだ。

ゆえに為政者側の武士は、江戸中期あたりから行政官たる任務が増えるに従い、〝民の模範〟となることが要求されると、その実践者として何よりも「義」を遂行することが義務づけられたのである。したがって武士道では、徹底的に何が正しいかの「義の精神」を教え、彼らの行動判断の基準をこの「義」に置き、その行動のなかに「義」があるかないかを常に問われることになる。

「義」よりも「打算」「損得」を優先する現代人

とはいえ、この「義」を行うことは、口で言うほど簡単なことではない。なぜなら、義のなかには「正しい行い」と同時に「打算や損得を離れて」という意味が含まれているので、人間の根源的なエネルギーとされる「欲望」を、かなり制御しなければ成り立たないからである。

たとえば、現代人の多くが行動判断の基準としている合理的精神は、突き詰めれば「どっちが得か」という相対的なものである。それに対して武士道における「義」は、「どっちが得か」といった相対的なものではなく、普遍的な「良心の掟」にもとづく絶対的価値観を基本にしている。いわば不合理の精神である。いかに不合理であるかは、「正義のためには死をも辞さない」という言葉一つとってもわかる。先の西郷の言葉ではないが、命よりも正義のほうが大事なのである。

したがって、この「義」を遂行するためには、よほどの自律心を養わなければならないことになる。武士道の基本的精神に自律心があったのは、そのためだったのである。

現代人と武士との大いなる違いは、この「自律心」の鍛え方の違いである。とくに戦後の合理的価値観のみを金科玉条《きんかぎょくじょう》とし、「どっちが得か」の打算主義が大手を振ってまかり通る現代にあっては、それなりの修養を積んでないと、とてもじゃないが「義」など実行できるはずもないのである。

その証拠に、現代人にとっていまや「義」は、その言葉さえも古くさい徳目としてどこかに置き忘れられ、私利私欲のためには「見つからなければ罪ではない」とか「道徳的には問題だが違法ではない」と、勝手な理屈をつけて、人道を無視した卑劣で、狡猾《こうかつ》で、許しがたい不正が、平然とはびこっているではないか。

たとえば、こんな話がある。

ある人が川に溺れて、道行く人に助けを求めた。すると、求められた人が「助けてやりたいが、私は仕事の途中なので、そんなことをしていたら遅れてしまう。遅れた分を弁償してくれるなら、助けてもよい」と言った。二人の間で金額の交渉が始まった。なかなか折り合いがつかない。そうこうしている間に、溺れた人は川に流されて死んでしまった、というのである。

これは急速に資本主義化した中国で実際に起きた話である。「義」よりも「打算」がまさった典型的な例だ。いうまでもないが、人が溺れていたら、何をさしおいても助けるのが人情であり、人間本来の姿である。だが、いまやその良心すらなくなっているのである。しかしながら、この話を何人の日本人が批判できるであろうか。溺れた人が死んでしまったのは極端にしても、「仕事だから」という理由をつけて、これに類する行為を多くの日本人が日常的なところでやっているのではないか。サラ金業者の悪辣《あくらつ》な取り立て、地上げ屋、悪徳商法、産業廃棄物の不法投棄、金融関連の不正行為などを引き合いに出すまでもなく、われわれの日常生活においても、他人が困るのを平気で「仕事だから」と嘯《うそぶ》き、「自分さえ得すればいい」と無理強いするのも同類といえる。

要するに「義」よりも「打算」「損得」がまさっているのが現代なのである。

「義」の行動を貫いた上杉謙信

武士道の基本は「フェア・プレイの精神」であると新渡戸博士は言っていたが、その根源はこの「義を貫く」ということである。そのために武士は、たとえ戦いに勝ったとしても、不正な行為をして勝った者は賞賛されなかった。そのことは、鉄砲やピストルといった飛び道具の類が江戸期になってから流行しなかった事実が証明している。これらの道具を用いる者は卑怯者とみなされたからだ。

では、具体的な話として、どのようなサムライが「義の人」といわれたのか。

その一例が、上杉謙信である。

織田信長、武田信玄、北条氏康、斎藤道三らの群雄割拠する戦国の乱世にあって、越後・春日山城主の上杉謙信は、その性格清廉にして潔癖。正義を重んじ、一度たりとも領土的野心で戦《いくさ》を起こしたことがなく、すべてが〝義戦〟であったと称された武将である。

事実、その行動原理は「正義のため」であり、誰もが目の色を変えて天下制覇を目指したとき、謙信だけは、もはや実体をなくした室町幕府を守るための戦いを繰り返した。

それを象徴するのが謙信の旗印「毘」である。これは須弥山《しゆみせん》の北方を守護する武神、毘《び》沙門天《しやもんてん》の頭文字からとったものだ。すなわち謙信は、自らを毘沙門天の化身《けしん》と信じ、京の北方、越後において幕府を守る存在と位置づけたのだ。生涯、一度も負けたことのない最強軍団を擁し、その戦いぶりは〝戦の芸術〟とまでいわれている。

その謙信の戦いで最も有名なものが甲斐の武田信玄と戦った「川中島の合戦」である。

両雄一歩も譲らず、刃をまじえること数度、その期間は十四年の長きにわたった。
あるとき、海のない山間部を領土とする武田方に、遠州・駿河を領土とする北条氏からの塩の供給が断たれた。これを聞いた謙信は、敵である信玄の窮状を哀れみ、一通の書状を送った。現代語でいうならこうなる。
「私が貴公（信玄）と戦うのは弓矢であって、米や塩で戦っているのではない。これより先、塩が必要ならば我が国から供給しましょう」（『常山紀談』）
謙信にとっては、いかに敵とはいえ窮状に陥ったときは助けるのが武士であり、弱みにつけ込んで攻めるのは卑怯と考えたのである。まさしく、謙信こそは「義の人」にふさわしい人物であったといえる。

武士道が「義」に求めた理想の精神

だが、私は江戸時代の武士がすべからく「義」を重んじたというつもりはない。なぜなら、上杉謙信や先に述べた関ヶ原の合戦の武将たちが、美談として長年伝えられたということは、逆にいえば、そうしたサムライが少なかったことの裏返しとも考えられるからだ。

武士道が「義」を最高の支柱に置いたということは、言い換えれば、そうした至難の「義」を追求することで、そこに精神の「美学」を求めたからだ。美学とか美意識とかいわれるものは、現実社会が汚辱《おじょく》にまみれているからこそ求められるもので、それはある種の「理想」の追求だったといえるのである。

したがって、生死を懸けた戦いに臨むとき、すべての武士が上杉謙信のように忠実に、この「義」（フェア・プレイの精神）を守った、というつもりはない。生きるか死ぬかといった場面では、たとえ卑怯者といわれようとも勝ちたいと思うのが人情であり、いつの世にあっても、本能は美学よりも強く、理想は現実の前に打ち砕かれるのが世のつねである。

しかし――。

だからこそというべきか、武士道はそのことを十分に知りながら、なおかつ汚辱に満ちたこの世で、その現実を超越する〝美しき理想〟をわが指針として厳しく求めたのである。なぜならば、もし、生き残るためには「どんな卑怯なことをしてもいい」という発想を野放しにすれば、それはとめどもなくエスカレートし、弱肉強食の畜生社会に落ちてしまうからである。これでは、いかに権力をもった武士といえども世の中を平穏に治めることはできない。

それゆえに武士道は、支配者階級の義務として、あえて最も難しい「義」という「人として正しい行い」を徳目の中心に置き、その行為を自律的に求めることで、民の模範となるよう、その理想に一歩でも近づく修養を積んだのである。だから美学となり得たのだ。「理想は自己を磨く宗教」との言葉があるように、具体的な理想をもつともたないとでは、おのずから人の生き方は違ってくる。「正しく生きよう」「美しく生きよう」と自らを律する心がなければ、人は堕落するものだからである。

会津武士道の悲しきまでの誉れ

では、人間は自己修練や教育によって、正義を守るためには命を捨てることはできるのか。「生命は地球より重い」とひたすら唱えて、ただ生きながらえばそれでよしとする現代においては考えられないことかもしれないが、武士道の歴史的事実を眺めれば、それは可能だったのである。その例は無数にあるが、ここでは悲しくも律義な「会津武士道」を取り上げる。

会津武士道といえば、誰もが思い出すのは、あの戊辰戦争で城を守るために十六、七歳の年端もいかぬ少年たちが「白虎隊《びゃっこたい》」として自刃していく姿だ。だが、それ以上に私が胸を打たれ、武士道の厳格なるのを知ったのは、会津藩家老職にあった西郷頼母《さいごうたのも》一家の「二十一人全員自決」の模様である。

この様子は会津攻めの先鋒となった土佐藩士中島信行（初代衆議院議長）の語るところと、西郷頼母の日記『栖雲記《せいうんき》』によって克明に伝えられているが、幕末史上、最も凄惨《せいさん》なものだったといえる。以下の記述は『武士道の歴史』第三巻（高橋富雄著・新人物往来社）を参考にして述べる。

慶応四年（明治元年）八月二十三日。先の白虎隊が飯盛山で自決した日であるが、同日同刻、城下にある西郷頼母邸では静かに死の儀式がとりおこなわれていた。

主人頼母と長男の吉十郎（十一歳）は登城して留守。家を守っていたのは頼母の母律子（五十八歳）、妻千恵子（三十四歳）、妹眉寿子《みすこ》（二十六歳）、同由布子《ゆうこ》（二十三歳）、長女細布子《たいこ》（十六歳）、次女瀑布子《たきこ》（十三歳）、三女田鶴子《たずこ》（九歳）、四女常磐子《とわこ》（四歳）、五女季子《すえこ》（二歳）、それに八十歳を越えた老祖母の十人であった。

徳川親藩の会津藩はかたくなに幕府への節義を守り通したために、いまや〝賊軍〟となっていた。藩が全藩をあげて官軍と一戦をまじえる以上、武家の婦女子も戦わねばならない。それが武士道であり、義に殉《じゅん》ずる道に男女の区別はなかった。

母律子と妻の千恵子は、迫りくる敵軍を前に、家人に言いつけて邸内をちりひとつなく清めた。そして白装束に身を包むと、全員に武家の礼法にのっとり「自決」を説いた。妹たちはともかく、長女、次女はわずか十六歳と十三歳である。

妻千恵子は老祖母と母律子に最後の別れを告げ、自分がさきがけとして逝くことの許しを乞い、まず九歳と四歳と二歳の頑是《がんぜ》ない子をわが手で殺した。もちろん、その幼子たちに武士道の道理がわかるはずもない。だが、この母は、これが〝武家の倣《なら》い〟として、心を鬼にして道連れにするのだった。そして、その母に続き一家全員が次々と自決していくのだ。

悲劇はそれだけではなかった。この西郷邸には、江戸払いにともなって引き揚げてきていた親類一族（西郷鉄之助夫妻・小森家族五人・町田家族二人・浅井家族二人）の十一人が同居していた。これらの人々もまた全員が自決して、西郷一族のあとを追ったのである。

親族一同は、生きながらえる別の道もあり得たと思うが、誰もが皆「道は一つ」と信じて、武士道の大義に殉じるのである。悲惨といえばあまりにも悲惨……。

「なよ竹の心」と「死出の山道」の美学

西郷一家の人々は、かねてから死の覚悟と、その準備をしていたと見え、それぞれに辞世の歌を残している。死にぎわに際して詩《うた》を遺した民族は世界広しといえどもサムライだけだといわれているが、武家の子女たちもそれに倣った。

妻・千恵子（三十四歳）
なよ竹の　風にまかする身ながらも
たわまぬ節《ふし》は　ありとこそきけ

女の身は弱々しい「なよ竹」に似て、親に仕え、夫に従い、自分を主張することはありませんが、「なよ竹」にも節があるように、人として守り抜かねばならぬ節操は心得ています。武士たる者の道を守る心は少しも劣ることはありませぬ、との意味である。

千恵子は、非常時に処する女の道を、つつましく、心たかぶることもなく、自らに言い聞かせるのである。それはあとに続く妹たちを励まし、幼い娘たちに道を説く最後の言葉であった。そして、この母は、幼子三人をその手で刺し、その返り血をあびながら、わが咽喉《のど》をつき、わが子に覆いかぶさるように死んでいったのである。

妹・眉寿子（二十六歳）
死にかへり　いく度《たび》世には生きるとも
ますら武雄と　なりなんものを

妹・由布子（二十三歳）
もののふの　道と聞きしをたよりにて
思ひ立ちぬる　黄泉《よみ》の旅かな

いずれも男にもまさる〝ますらおぶり〟の歌である。先の歌は、何度生き返っても雄々しき武士でありたいと詠《うた》い、後者は、一死をもって道に殉じるのが武士道と聞いておりましたので、その教えに従って、私もあの世に旅立っていきます、との意味である。
さらに健気《けなげ》で、思わず涙を禁じ得ないのは、まだ幼さの残る長女、次女が手を取り合って自害していく合作の歌だ。

次女・瀑布子（十三歳）
手をとりて　共に行きなば迷わじよ

と、次女が上の句を詠《よ》む。「お姉さま、たがいに手を取りあって行きましょう。そうすればあの世への道も迷うことはありませんよね」と、頑是ない顔で姉に問う。
それに応えて姉が詠む。

長女・細布子（十六歳）
いざたどらまし　死出の山道

高橋氏の解説がきわだっているので、そのまま引用する。
「この下の句は、はっきりと、妹の呼びかけに応える姉のことばである。女々《めめ》しくなるまいとして、声をはげましているところが、さらに不憫《ふびん》でならぬ。かの女だって、わずか十六歳。ほんとうは、なぐさめられてうなずいている齢なのである。それが妹を道づれにする姉として、なぐさめ教える立場なのである。自分の感慨などうたっていることができぬ。『そうよ。瀑布子、何も心配ないよ。この姉についておいで。なら、さあ、いくぞ。死出の旅路の出立ちだ』。そう妹をはげましながら、十六歳の少女は、自分をもはげましているのである」

なんと悲惨で健気なことか……。官軍の先鋒だった中島信行が座敷内に踏み込んできたとき、姉・細布子はまだかすかに生きていた。中島がそばに近寄ると、「敵か、味方か」と弱々しい声で問うた。敵ならばかなわぬまでも、はずかしめを受けぬようにと、細布子は、すでに動けぬ体で立ち向かおうとする。

中島は情けを知る武士だった。「味方だ、味方だ」と優しく声をかけると、少女は安心したように、見えぬ目で声の主を探し求め、手にした懐剣をいま一度、喉元にあて、「介錯《かいしゃく》を」とかすかな声で哀願した。中島は涙を流しながら、大きくうなずくと一刀のもとに、その首を打ち落とした、と記している。

年端もいかない少女たちが、死の恐怖の前に乱れることなく、毅然たる態度を取り得たのはなぜだったのか。わが身をその立場に置いて考えたとき、これは信じがたい奇跡といってよい。にもかかわらず、西郷頼母邸では一族郎党二十一人、全員見事に自決したのである。

それをなし得たものは何か。

前出の高橋氏が解説する。

「会津武士道。それこそまさにその歴史の心だったのである。会津では、いつでもどこでも、女も子どもも、武士道であった。そういう歴史を、われわれは会津に見るのである。会津ではその風土がこの心を大地から培っていたのである。『会津風土記』というものは、会津の風俗を次のように説明する。

風気強勁　俗狡悍《こうかん》を尚《たっと》ぶ。字を習い、射を好み、礼容を学ぶ。

会津の気風は、きびしく、つよく、はげしい。それを受けて人気《じんき》は、敏捷《びんしょう》・精悍である。それが会津尚武《しょうぶ》の心である」

会津ではそのようなかたちで、武士道が人倫として確立していたのであった。いうなれば会津藩全体の「風気」が武士道を育《はぐく》み、その武士道が「人倫の道」としてさらなるサムライを育て、大義、正義のためにいかに生きるか、いかに死ぬか、それをたたき込んだがゆえに、彼女たちもまたそれにならって毅然と死出の旅立ちをしたのである。

現代人としての発想から良いか悪いかを問うているのではない。人間は時代の気風、教育によってここまできわめられるという歴史の事実を記したままでである。この「事実の重み」の前では厳粛さすら感じられる。

司馬遼太郎が、河井継之助のところで、いみじくも「江戸三百年の教養主義に鍛えられた武士は、多少奇異ではあるが、人間としての芸術品であった」と述べていたが、会津武士道もまた「節義」（義を貫く）という意味では最高の芸術品だったというべきであろう。

「義をみてせざるは勇なきなり」の真価

この「義」と一対をなしている徳が、次の「勇」である。新渡戸博士の説明は、こうだ。

《勇気は、義のために行われるものでなければ、徳の中に数えられる価値はないとされた。孔子は『論語』において、よく使う彼一流の否定的な論法で「勇」の定義を、「義をみてせざるは勇なきなり」と説いた。この格言を肯定的にとらえるなら、「勇とは正しきことを為《な》すこと」である。

だが、あらゆる種類の危険を冒し、一命を投げ出し、死の淵に臨む、といったことは、しばしば勇気と同一視されるが、武器を用いる職業の者にあっては、このような猪突猛進の行為は賞賛には値しない。シェークスピアが「勇気の私生児」と呼んだごとく、武士道でも死に値しないもののために死ぬのは「犬死《いぬじに》」とされた》（『武士道』第四章）

勇気とは、その対象がつねに義をともなっていなければ徳として認められない、というのだ。

『論語』でもそれを踏まえて、「勇ありて義なきは乱を為す」といっている。勇気があっても、そこに義がなければ世を乱すもととなる、との意味である。だから真の勇者は、死に値しないことのために死んだり、ただ闇雲に危険を冒すことなどしない。それらは「犬死」とか「蛮勇」として蔑《さげす》まれる対象だった。

続けていう。

《いやしくも武士の少年で、「大義の勇」と「匹夫《ひっぷ》の勇」について聞いたことのない者がいたであろうか。

剛胆、不屈、勇敢、大胆、勇気などは、少年の心にもっとも浸透しやすい心情として、訓練や鍛錬によって鍛えられたものであった。それらは少年たちの間で幼き頃から競わされる、もっとも人気のある徳目であったのだ》（『武士道』第四章）

そのために、江戸の母親たちは、子供が乳房を離れる前から『源平盛衰記』や『太平記』などの軍記物を読んで聞かせ、そこに登場する義経、弁慶、楠木正成、児島高徳といった本当の勇気ある武将たちの姿を教えたのである。

また、幼子が痛さに堪えかねて泣くときは、「これくらいの痛さで泣くとはなんという臆病者ですか。戦で腕を切り落とされたらどうします。切腹を命じられたらどうします」と、子供を叱りつけ、「獅子はわが子を千尋《せんじん》の谷に落とす」との比喩を引いて、ときには残酷とも思える厳しさをもって、親は子供の胆力《たんりょく》を錬磨したのである（この事例は後章の吉田松陰の話を参照）。そして、この勇気は武術の訓練や肝だめしといった遊びで育まれたが、それは同時に忍耐、我慢といったほかの徳の訓練を援《たす》けるものとなったのである。

黒澤映画「七人の侍」に見る勇の実像

では、「勇気」を、義に裏付けられた正しい行いと定義するとき、〝義をみてせざるは勇なきなり〟というときの「勇」とは、どのようなものをいうのか。その具体例として、私は大好きな黒澤明監督の名作『七人の侍』を思い出す。

――時は戦国時代。野伏《のぶ》せり（野武士）の集団が、また村を襲う季節が近づいていた。村人たちは相談の結果、コメの飯を腹いっぱい食わせることを条件に、浪人を雇い、彼らに野武士をやっつけてもらおう、ということになった。代表の百姓がサムライを求めて宿場へ行く。宿場には戦乱で主家を失い、仕官の口を探している浪人たちであふれていた。だが、そのような百姓たちの頼みを聞くような武士はいない。彼らが武術を鍛えたのは戦に出て手柄を立てるためであって、百姓の味方をするためではなかった。

そうしたなか、やっと知略に富んだ中年のサムライを見つけた。百姓たちは土下座して頼む。聞けば、野武士四十騎を相手にするという。命懸けで戦ったとしても最低七人の練達者が必要となる。しかも、その報酬は腹いっぱいの飯。百姓たちの窮状はわかるが、どう考えても間尺《ましゃく》に合わない。

「できぬ相談だな」

サムライは渋る。たとえ自分一人が承諾したとしても、果たしてそれだけの武士が集まるかどうか。

「ワシも年だでな、それに戦《いくさ》はあきた」

と、やんわりと断った。その様子を固唾《かたず》を呑《の》んで見守っていた人足たちが、騒ぎだす。

「なんだ、侍など威張るだけで、所詮《しょせん》は手前勝手。こいつらはヒエを食って、お侍たちには白い飯を食わそうというんだぜ。人情なしめ！」

サムライの顔が引き締まる。そして、真っ白なコメの飯が盛られた飯椀を見つめながら、

「よし、わかった。このメシ、おろそかには食わんぞ」

と、決心するのだった――。


このときサムライの心を動かしたものは何か。それが「義をみてせざるは勇なきなり」の精神だったのである。いかに、その戦いが仕官や特別な報酬がなくとも、義あれば命懸けで助ける。そこには打算も損得もなく、あるのは弱きを助け強きをくじく、といった「義」の心のみであった。そして、このときの「義」を奮い立たせるもう一つの徳が「勇」なのである。いわば「義」と「勇」は双子の関係にある。

とはいえ、「義をみてせざるは勇なきなり」という言葉は、それを実行するとなるとなんと難しいことか。とくにわれわれ現代人の痛感するところである。

たとえば、電車の中でこわもてのお兄サンが女性をからかっている。あるいはタクシー

乗り場で酔っぱらいが列の割り込みをする。こうした場合多くは、「さわらぬ神にたたりなし」と、見て見ぬふりをするのがオチだろう。もちろん誰もが義憤を感じている。だが、なまじ正義感を発揮して、注意したことによってケガでもしたら損すると思うからである。最近は〝逆ギレ〟して殺される場合もある。

「義」はあるのだが、それにともなう「勇」がない。現代社会において最も消滅したのは、この「勇」である。

思い出してもらいたい。瀬戸内海に浮かぶ美しい小島として知られた香川県の豊島《てしま》が産業廃棄物の島と化したのも、あるいは大手企業と総会屋との癒着構造も、最初のきっかけは暴力でのおどしに抵抗する勇気がなかったことが発端であった。あるいはいまや日常茶飯事となった子供たちの〝いじめ〟も、組織における不正や不祥事にしても、それに真っ正面から戦おうとする勇気がなくなっているからである。誰もが自らの保身を考え、言わねばならぬことも言えず、〝長いものには巻かれろ〟という方便を利用してごまかしているのは、「勇」がないからである。世に悪がはびこるのはこのためである。

そのために武士は、「義」を遂行するための精神的修養と同時に、一方において武術を鍛え、それによってさらなる勇気と胆力を積むことを要求されたのだ。武士の教育が「文武両道」といわれるのはこのためである。

真実の勇者は臆病者に似ている

しかし、江戸期のサムライが「文武両道」だったからといって、その「武」を誇示するようなことはめったになかったといってよい。ある学者が江戸時代の武士の特権とされた「斬り捨て御免」を調べているが、その報告によると、江戸市中においてそうした例は皆無にひとしかったと述べている。

なぜなら、いかに斬り捨て御免が許されたとはいえ、武士が町人を斬った場合はそれなりの詮議がある。詮議の基準としてそこに「義」があったかどうかがつねに問われたからである。

もし、斬った武士に正義がなければ、町人たちの非難を受けるばかりか、ひいては所属する藩の評判を落とし、場合によっては藩そのものが公儀（幕府）から罰せられることもあった。武士は必ずどこかの藩や君主に縛られていたので、それは幕臣（旗本・御家人）とて同じことだった。

「家名」という連帯責任制をとっている江戸時代にあっては、いかに特権階級の武士とはいえ個人的な傍若無人の振る舞いは許されなかったのである。

だから、それを知っている町人は、わざと路上にあぐらをかいて、

「べらぼうめ、二本差しが怖くて道が歩けるか！」

とタンカを切った。テレビドラマの「一心太助」などで見られる場面である。一方の武士も、刀の柄に手をかけて脅してみせるが、その多くは大事になるのを懸念して、黙って引き下がるのが通例だったのである。

では、武士のほうに正当なる理由があったときはどうなるのか。そのときですら本当のサムライは刀をけっして抜かなかった。少しの懲らしめで許した。サムライが刀を抜くときは死を覚悟して戦うときで、その死は万人が認めるような義がなければならなかったからだ。

また、勝負となれば町人より武士が強いのはあたりまえで、いかなる正当な理由があったとしても弱者を斬り捨てたとなると、「弱い者いじめをした」ということになり、義に反する。しかも負けたとなれば事はさらに大事となり、「弱虫侍」の異名をもらって生涯の恥となる。どちらに転んでも武士のほうに分が悪いのである。

したがって武士のもつ刀は、あくまでも武士の身分を象徴するものであって、けっして〝人斬り包丁〟とはならなかったのである。町奴《まちやっこ》の頭領である幡随院長兵衛《ばんずいいんちょうべえ》が旗本に対抗で

きたのも、こうした背景があったからだ。

では、本物のサムライはどのように振る舞ったのか。先に無刀流の練達者山岡鉄舟を挙げ、「真勇は怯に似たり」と表現したが、本当の勇者は泰然自若、一見すると臆病者のようであったという。そして、事あれば命を投げ出して役目を果たす。それが本当の勇者なのである。

「最も剛毅なる者は最も柔和なる者であり、最も愛ある者は最も勇敢なる者である」との至言があるが、これは現代人にもいえることで、本当に強い人は権力や暴力に訴えるということはしない。弱い犬ほどよく吠えるというように、中途半端な人間ほど威張ったり、暴力を振るうものである。

江戸期の武士道は、「武」という字が「戈《ほこ》」を「止」めると書くように、かつての「戈」をとって戦う者としての武士道を、「戈」を止めるための武士道へと進化させたといえる。だから武力で勝つことは、心ができていない者とされ、戦わずして勝つのが本物のサムライの道だった。宮本武蔵に禅を教えた沢庵《たくわん》和尚は「技は末、心が本」と、強くなりたければ心を磨けと言っている。蛮勇を振るう者など武士とは認められなかったのだ。

「仁」は至高の徳「思いやりの心」である

ところで、武士道の源流となった儒教は、人が人として守るべき五つの徳として「仁・義・礼・智・信」を置いていたが、なぜ儒教ではこの「仁」をトップに置いたのかを考えてみよう。

「仁」とは、一言でいえば、人間として最も大切な「相手をおもんぱかる心」、すなわち「思いやり、優しさ」のことである。仏教における「慈悲」、キリスト教における「愛」に相対するものといえる。ゆえに儒教はこれを根本中心に据え、魂の発露とみなしたのである。

新渡戸博士がこう説明する。

《愛、寛容、他者への情愛、哀れみの心、すなわち「仁」は、常に至高の徳として、人間の魂がもつあらゆる性質の中で、もっとも気高きものと認められてきた。(中略)それは二重の意味で「王者の徳」とされている。なぜなら、それ自体が多くの徳目の中でもとくに

光り輝く徳であり、偉大なる王者にこそふさわしい徳であるからである》(『武士道』第五章)

他者を思いやる「仁」とは、別の言葉でいえば「情」である。いわばこの精神こそ感謝、寛容、平和をもたらすもので、それゆえに民を治める者がもたなければならない最低必要条件の徳とされた。それは、すべての人がこの「仁」の徳をもてば世の平安は保たれ、「義」も「勇」も必要ないからである。

〝治世の哲学〟といわれた儒教が、いかにこの「仁の精神」を最高の地位に置いたかは、次の格言を見てもわかる。

「不仁にして国を得る者あり、だが、不仁にして天下を得る者はいまだあらざるなり」

天下を治める者、すなわち人の上に立つ者の最低必要条件として、この「仁」が不可欠であるというのだ。あるいはまた、

「仁に当《あた》りて師にも譲らず」(仁の道を行う場合には、相手が先生であろうと遠慮することはない)

「志士、仁人は生を求めて、もって仁を害するなし」(志士や仁者は自分の生命を捨てても仁道にそむくようなことはしない)

といった言葉もあり、きわめつけは、

「身を殺して仁を為す」

の言葉である。仁のためには生命をも犠牲にしろというのだから、この徳が武士道の土台にあったことがわかる。

では、「仁」と「義」はどう違うのか。

孟子が、こう言っている。

「仁は人の心なり、義は人の道なり」

すなわち、仁とは人が人としてもたなければならない〝良心・真心〟、義とは人が人として踏まなければならない〝正しい道〟ということだ。つまり仁が根本であり、義はそこから生まれる行動原理のことである。

相手をおもんぱかる心、可哀想《かわいそう》だと思う憐憫《れんびん》の情、そうした「仁」があるからこそ、義としての善悪の判断がつくのである。

たとえば先に「義をみてせざるは勇なきなり」の話をしたが、このとき何が義であるかを決めているのは、人間としての思いやり、つまりは慈悲の心である。弱きを助け強きをくじく行為は義侠心といわれるが、これとてその根底にあるのは思いやりの心である。

だからこそ、儒教では「仁」を最高の徳として、とくに人の上に立つ者（為政者）がもたなければならない〝王者の徳〟として強調したのである。

江戸時代が明治以降より平和だった理由

では、王者の徳である「仁」は、武家社会においてどのように活かされたのか。それを知るには、江戸時代というものがどのような社会だったかを見ればよい。

いうまでもなく江戸時代は、徳川家康が征夷大将軍となって幕府を開いたことから、まぎれもなく「軍事政権」だった。だが、この軍事政権は専制的な政治を敷いたわけではなかった。むしろ、その後に誕生する明治政府よりも慈悲に満ちた平安な時代だったといえる。

たとえば、江戸時代は、正確にいうと慶長八年（一六〇三年）から最後の将軍・徳川慶喜が「大政奉還」をする慶応三年（一八六七年）まで二百六十四年間続くのだが、その間、大きな戦争は一度もなく、他国を侵略するといった計画すら立てたことのない平和な時代だった。それにくらべて織豊時代の秀吉は朝鮮征伐と称して大陸に渡ったし、明治になると富国強兵政策のもと、台湾出兵、西南戦争を経て、日清・日露と相次ぐ外国との戦争を起こしている。そしてその延長線上で、あの忌まわしい太平洋戦争へと突入していくのである。

江戸幕府の崩壊から広島・長崎に原爆が落とされるまで、わずか七十七年。現在の平均寿命にも満たない短期間の間に、われわれ日本人は、まるで民族が変わったかのように、人類の最も愚劣な行為とされる〝戦争〟を繰り返している。この事実だけとっても、いかに江戸時代が安穏で平和な社会だったかがわかる。

だが、こう書くと、読者のなかには反論を抱く人がいるだろう。「士農工商」といった身分制度のあった封建社会が、なんで平和だったといえるのか、と。

たしかに身分制度はあった。だが、これとてその実態はわれわれが習った歴史教科書のイメージほど厳格なものではなかった。階層がはっきりと限定されていたのは武士階級だけであり、あとの「農工商」はいわゆる庶民層だった。実質的な区分はこの二種類だけである。

しかも、日本には先進国のような奴隷制度というものはなかった。これは特筆すべきことである。あの自由の国といわれたアメリカですら、奴隷解放宣言が出されたのは一八六三年、日本でいえば文久三年、つまり新選組が京都で暴れていた頃のことである。

もちろん、庶民層から特権階級の武士になることは難しかったが、武士から町人になったり、庶民が他の職業に就くことは自由だった。

もし批判があるとしたら、庶民から武士階級（政治家・公務員）になれなかったことだが、同じ次元の比較はできないものの、当時の武士階級が全体の約七パーセント、現在の政治家・公務員が約九パーセントであることを考えると、現代とさして違わないのではないかと思える。なぜなら、建前では民主主義だ、職業の選択は自由だといいながら、支配者層の多くは二世議員や二世社長の世襲がまかり通り、権力と富を一手に握っているからである。

それにくらべて武士は、たしかに為政者階級として権力を握ってはいたが、富とは無縁であった。住んでいる家自体が借り物で、一般の武士は殿様から、大名は将軍から〝官舎〟として借りていて、基本的には家屋の私有財産など認められていなかった。移封《いほう》という大名の配置転換が自由に行われたのはそのためである。その意味では現在の支配者階層のほうが権力と富を同時に握っているだけにタチが悪い。

むしろ武士は、厳しい自己規制を働かせて己の身を慎み、〝庶民の模範〟となることを強要されただけに、よほど堅実で清廉な生き方をしていたといえる。

意外と安気だった武家社会の暮らしぶり

あるいは視点を変えて、別の価値観で見ると、その身分制度とて、必ずしも不幸だったともいえない。たしかに下級武士出身の福沢諭吉は「門閥は親の敵《かたき》」と、家柄によって地位が決まる身分制度に憤っているが、それは立身出世を願う能力のある者の不満で、同じように他の武士や町人が不満であったとは限らないからである。

なぜなら、世の中には努力して出世したいと願っている人もいるだろうが、それとは逆に、人と争ってまで偉くなりたいとは思わない人も多い。これは個人の幸福感の違いであるが、たとえば神坂次郎著『元禄御畳奉行の日記』(中公新書)などを読むと、むしろ出世する必要のない社会構造の気楽さに甘んじて、芝居見物、女遊び、釣り三昧《ざんまい》と、じつにのびのびした日常生活を謳歌《おうか》しているのだ。

そうした気楽な生活ができたのは、武士の社会が世襲制(地位・財産とも)で競争の論理というものがまったくなかったからである。年収にあたる俸禄も江戸期にわたって一定であったし、それは時代を経るに従い目減りはしたが、その代わり物価も一定であった。

税金もなければ住宅もすべて官舎でタダであった。戦争はとっくの昔からないし、立身出世など考えずに家業を守っていれば、親子代々就職の心配もなく、下級武士でも厳格な〝武士の掟〟と貧乏さえ我慢すればどうにか暮らしていける社会だった。

終身雇用制が昔日となった現代のサラリーマンが、生き残りを懸けて会社内での競争に神経をすり減らし、ノイローゼになったり、ワーカホリックとなって過労死している様を見るとき、あるいは高い税金や教育費と伸び悩む賃金に囲まれた余裕のない日常を見るとき、正確な比較はできないまでも、江戸時代は意外に住みやすい社会だったのではなかろうかと、私などは思うのである。

しかも、その身分制度にしても、江戸初期の頃はともかく、中期以降になると実質的には崩れている。その実例が、あの勝海舟である。

海舟は自らを直参旗本と名乗っているが、その血筋はれっきとした武士の家系ではなかった。三代前の曾祖父は越後の百姓の身分で、その曾祖父の名を銀一《ろういち》といい、全盲の人であった。やがて彼が江戸に出て鍼医《はりい》の極意をきわめ、蓄えた金で旗本や大名相手に高利貸しをして、大金持ちとなった。

江戸という時代は、盲人の保護に熱心で、盲人には私的金融業を営む権利をあたえ、盲人から借りた金は必ず返さなければならない法律（法度《はっと》）までできていた。これは一種の福祉行政といえる。

銀一は、座頭の最高位である検校《けんぎょう》にまで出世し、米山検校と名乗った。やがて、その財力にものをいわせて旗本男谷《おだに》家の株を買い、末子の平蔵を男谷家の相続人とした。ついで、平蔵の三男（小吉）を貧乏旗本の勝家へ持参金をもたせて婿養子に入れた。この小吉から生まれたのが勝海舟である。

要するに、江戸時代というのは、表向きには厳格な身分制度を敷いていたが、中期以降の経済の発展にともない、相対的に武士階級の権威が下がってくると、空気が対流するように、下から上に上がる仕組みとして、こうした裏口もあったのである。

おだやかな心で花鳥風月を愛した江戸の人々

もちろん私とて、江戸時代の封建社会が最高に素晴らしかったなどというつもりはない。だが、それは便利な現代社会と比較した話であって、当時の世界を見渡しても、けっして劣っていたわけではない。他国を侵略する発想もなく、奴隷制度もなく、文化国家としての観点からながめれば、むしろ精神文化でいえば世界のなかでも一流の国であったと自慢してもいいくらいなのである。

これはなにも自画自賛の話ではない。たとえば、万延元年（一八六〇年）に江戸を訪れたイギリスの植物学者ロバート・フォーチュンが書いた『江戸と北京』（三宅馨訳・広川書店）を見ると、現代の日本人が知らない驚くべき様子が描かれている。

「交互に樹々や庭、格好よく刈り込んだ生垣が続いている公園のような景色に来たとき、随行の役人が染井村《そめい》（現在の東京都豊島区駒込）にやっと着いたと報《し》らせた。そこの村全体が多くの苗樹園で網羅され、それらを連結する一直線の道が一マイル以上も続いている。私は世界のどこへ行っても、こんな大規模な売物の植物を栽培しているのを見たことがない。（中略）道の両側には、温室を必要としない、日本の観賞用の樹々や潅木類《かんぼく》、盆栽仕立てやテーブル型に刈り込まれた植物が数多く栽培されている。（中略）そこでサボテンやアロエのような南米の植物があるのに注目した。それらはまだシナ（支那）では知られていないのに、日本には来ていたのである」

そして、フォーチュンはこう言うのだ。

「もしも花を愛する国民性が、人間の文化生活の高さを証明するものとすれば、日本の庶民層の人々は、イギリスの同じ階級の人達にくらべると、ずっと優って見える」

フォーチュンが見たのは染井村の三分の一程度だったらしいが、それでもこの驚きだから、いかに江戸の植物需要が大きかったかがわかる。つまり、それだけ江戸の人々は余裕があり、花を愛するおだやかな心をもった人だったのである。蛇足ながら、桜の代表とされるソメイヨシノは、江戸末期にこの染井村で改良されたものである。

フォーチュンに指摘されるまでもなく、江戸が〝花の都〟であったことは『江戸名所図絵』などを見ると十分に知ることができる。

花といえば、まず桜だが、その代表は上野。ついで王子の飛鳥山、品川の御殿山、向島の隅田川堤、小金井堤なども人気を集めた。飛鳥山以下は八代将軍吉宗が庶民の花見の場所として桜を植えさせた所である。むろん桜だけではない。梅、梨、山吹、すみれ、桜草、牡丹《ぼたん》、かきつばた、さつき、はす、朝顔、菊といったさまざま名所があった。

また花のほかに、うぐいすの名所としては上野の根岸の里（現在の鶯谷付近）、ほととぎすは小石川白山（現在の小石川植物園付近）、秋虫は日暮里の道潅山と、江戸の人々はこうした花鳥風月を大いに楽しんだ生活をしていたのである。こうした暮らしができるということは心に余裕があるからこそであって、ぎすぎすとした荒《すさ》んだ心では味わえるわけがない。

「権あるものには禄うすく、禄あるものに権うすく」

もちろん、社会構造も環境も違う江戸時代と現代を比較するのはナンセンスなのだが、私が言いたいことは江戸時代の為政者の意識には、基本的なところで「仁」の精神が制度として流れていたということである。

では、江戸幕府はどのような「仁の制度」を敷いていたのか。簡単にいえば、権力と富の集中を分散させ、特権階級にある者ほど厳しい規律を強いてきたのである。

家康以来、幕府の方針は「権あるものには禄うすく、禄あるものには権うすく」と、権力と金力の分散化をはかった。つまり、権力を握っている者は物質的には恵まれないようにし、富のある者には大きな権力をもたせないようにしたのである。この方針は、将軍家を例外として、一貫していた。

その例が譜代大名と外様大名の区分である。譜代とは徳川家の先祖から仕えていた家来で、関ヶ原以後、大名になった者のことをいう。彼らには井伊家の三十五万石を例外として、あとは十万石以下の領地しか与えなかった。大名としては中以下である。だが、その代わりに現代の閣僚にあたる老中職を与え、中央政治を担当させた。

一方、外様大名とは関ヶ原以後、家来になった者で、加賀百万石を筆頭に、薩摩七十七万石、仙台伊達の六十万石と続く。彼らは財力はあるものの、中央政治にはいっさい関与できなかった。しかも、その財力は参勤交代の制度で社会に還元させる仕組みになっていたのである。

では、経済力のない一般の武士は、どのようにして支配階級としての権威を保ち、かつ尊敬されていたのか。

通常、武士は地位が高ければ高いほど、それに見合う行動と様式を整え、服装、家来の数、武具の備え、門構えなど、細かな制約があった。町人たちが吉原遊郭に何日泊まり込んでも咎《とが》められることはなかったが、武士は許可なく外泊することは許されず、外出しても夜中までには帰宅しなければならなかった。いったん事があれば将軍や藩主のために馳せ参じなければならないのが建前だったからである。いわば武士は、社会を支える〝公人〟として、町民の模範となることを要求され、もろもろの職務と規則に縛られた不自由な生活だったともいえる。

将軍直参の旗本・御家人といえば聞こえはいいが、江戸も中期以降になると、彼らはその上に〝貧乏〟の冠がついた。だが、それでも庶民たちから馬鹿にされることなく尊敬されていたのは、支配階級としての厳格な威信と道徳(武士道)を、厳しい自己犠牲によって守り通したからである。また逆に町人たちが武士階級に服従し続けたのは、こうした武士の生活態度のなかに、金銭では計り得ない高い権威を認めていたからである。

別言するなら、貧乏に耐えても権威を守り抜く姿に、庶民とは違った〝特別な人〟として尊敬していたのである。「武士は食わねど高楊枝」という言葉は、武士の痩我慢《やせがまん》を皮肉ったものであるが、その痩我慢をしながらも毅然として生きる姿に、あるいは自分たちにはまねのできない自己犠牲を貫く矜持に、庶民は頭を下げたのである。

金持ちと名が付けばたとえ非合法で得た者でも、あるいは地位や名声のためには人を踏みにじる者に対しても、それを「エライ人」などと羨《うらや》ましがる現代人とは、庶民自身も違う生き方をしていたのである。

「武士の情け」は正義にもとづいた〝厳しい愛〟

少し江戸時代の話が長くなったが、「仁」の定義を新渡戸博士の『武士道』から拾っておこう。

博士が言う。

《仁は、優しく柔和な母のような徳である。高潔な義と厳しい正義が男性的であるとするなら、仁における慈愛は女性的な優しさと説得力を持つ。だが、サムライたちは正義や公正さを持つことなしに、むやみに慈悲に溺れることを戒められた。伊達政宗がいったという、「義に過ぐれば固くなる。仁に過ぐれば弱くなる」との有名な言葉は、このことを表している》(『武士道』第五章)

要するに武士たる者は、「智」によって「仁」と「義」のバランスをとり、どちらかに偏りすぎてもよくない、と教えられたのである。

とはいえ、武士道は「仁」については儒教ほど多くを語っていない。なぜなら、「仁」は人間として生まれたときから本心良心に兼ね備えられた徳として考えられていたので、それはむしろ当然のこととして語る必要がなかったからである。それを端的に表す言葉が「武士の情け」である。新渡戸博士の言葉を借りよう。

《「武士の情け」という言葉には、私たちの高潔なる心情に訴える美しき響きがあった。したがって、サムライの慈悲が他の人々の持っている慈悲と種類が異なっていたというわけではない。それはサムライの慈悲が盲目的な衝動にかられるものではなく、常に正義に対する適切な配慮を含んでの慈悲であったからだ》(『武士道』第五章)

と、ここでも、「武士の情け」とはいえ、たんに女性的な慈悲ではなく、正義にもとづいた〝厳しい愛〟でなければならない、といっている。つまり、儒教は人間の行うべき徳のトップに「仁」を置いたが、武士道ではそれを支配者階級としてより困難な「義」を筆頭にもってきたのである。もちろん、この二つの徳は、徳のなかでも最も大切なことであることはいうまでもない。

「礼」とは日本人が創造した美しき行動の型

さて、「義」「勇」「仁」ときて、次にくるのが「礼」である。「礼」とは何か——。

まず現在用いられる意味を辞書で確認しておくと、「①社会の秩序を保つための生活規範の総称。②うやまって拝すること。おじぎ。拝礼。③謝意を表す言葉」（『広辞苑』）となっている。②③のいわゆる〝儀礼的〟な意味はすぐに理解できるが、なぜ①の「社会の秩序を保つための生活規範の総称」との概念が生まれたのか、ということだ。

ここに「礼」が儒教道徳を基盤とした日本人の精神文化となっていることがうかがえる。いうまでもないことだが、文化は「型」となって表れる。「型」の創造といってもよい。つまり文化をつくり出す人間の精神は、無意識のうちになんらかの「型」を求めるものであり、その「型」は美しくあらねばならない。

それゆえに、武士道は人が人として行うべき道徳を、たんに内面の精神のみに閉じ込めてしまうのではなく、行動の美学として、「型」としての「礼」をつくりあげてきたのである。その典型が「切腹」という儀式だが、武士は死ぬときですら型を重んじたのである。もちろん、その型は言葉遣いから立ち居振る舞いまで厳格に守られた。だからこそホイットマンは、その姿を見て〝美しき日本人〟と賞賛したのである。

とはいえ、「礼」が最初から「型」としてあったわけではない。その根本は「仁」であり、そして「義」である。すなわち、本心良心に宿る根本の徳の「仁」を、また、そこから生まれ出た人としての正しい行いの「義」を、「型」にしたのが「礼」なのである。

新渡戸博士は、こう説明している。

《礼の最高の形態は、ほとんど愛に近づく。それは私たちにとって敬虔な気持ちをもって、「礼は寛容にして慈悲深く、人を憎まず、自慢せず、高ぶらず、相手を不愉快にさせないばかりか、自己の利益を求めず、憤《いきどお》らず、恨みを抱かない」ものであるといえる。（中略）私はこのように礼を高く評価するが、かといって数ある徳目の中で最高位に置いているわけではない。礼を分析してみると、礼はさらなる高位の徳と関係していることがわかるからだ》（『武士道』第六章）

「礼」の本質は、「相手を思いやる心」を目に見えるかたちで表現したものである。したがって「礼」だけが独立しているのではなく、ほかの徳目（仁・義・信など）と相互して存在するものだ。

「礼」というと、われわれは狭義の意味の日常の挨拶を思い浮かべるが、この挨拶ですら相手を思いやる心がなければ、それはたんなる所作であって、「礼」とはいえない。これは「慇懃無礼《いんぎんぶれい》」となり、かえって「失礼」になる。

では、武士道における「礼」とはどのようなものなのか。前のところで私は、武士道における相手を思いやる心を「武士の情け」と表現したが、その武士の情けから生ずる礼を、新渡戸博士は「最高の姿は、ほとんど愛にちかづく」と言った。どういうことなのか。

博士はその例として熊谷次郎直実《くまがいじろうなおざね》の逸話を挙げているので、それを引用する。

——熊谷次郎直実とは鎌倉前期の武士である。一ノ谷の須磨の激戦のさなか、直実は敵方の一人の武将に追いつき、一騎打ちを挑んだ。このような場合、武士は戦いの礼儀として、弱い側が強い側と同じ位をもっているか、あるいは同等の実力をもっていなければ、一滴の血を流すことも許されなかった。

直実は自分の名前を名乗り、相手の名を聞こうとした。が、相手はそれを拒んで格闘してきたために、即座にそれを取り押さえた。そして兜をはぎ取ると、そこに現れたのは色白の美少年であった。驚きのあまりその手を緩め、父親が諭すようにいった。

「あな美しの若殿、熊谷の刀は血に染むべきものならず、御母のもとへ落ちたまえ」

だが、この若者はそれを拒み、名誉のために首を斬ってくれるように頼んだ。戦《いくさ》の掟としてはそうすることが武士に対する礼儀だった。だが、斬れない。脳裏にこの日初陣した息子の顔が浮かんだからだ。

直実はもう一度いった。命を粗末にせずに落ち延びよ、と。だが若者は「早く首を取ってくだされ」というばかり。そこへ味方の軍勢が押し寄せてきた。直実は叫んだ。「名もなき人の手に殺されるより、同じうは直実の手にかけん。一念阿弥陀仏」白刃が宙を舞い、若者の血で染まった。

戦いが終わり、直実は凱旋《がいせん》した。だが、もはや彼は褒賞や功名に心を傾けることはなかった。そして、武勲に輝く軍歴を捨て、その若武者の霊をなぐさめるために僧侶となったのである――。

この話は能の『敦盛《あつもり》』あるいは戯曲の『青葉の笛』として知られる有名なものだ。若武者の名前を平敦盛といい、弱冠十五歳。現代のわれわれからすれば、武士道の残酷さを見る思いがするが、博士はそうは言わない。この物語にはサムライの礼儀、慈悲、憐憫が描かれ、ゆえに万人の涙を誘うのだと。

もし、この話を非難する人があれば、それは現代のヒューマニズムによるものである。だが、当時はいかに若武者とはいえ、いったん戦場に出れば、年齢に関係なく武士は武士である。武士ならば敵に後ろを見せて退散するほうが卑怯となる。一度、卑怯者のそしりを受ければ、ふたたび武士としては生きられない。

そこで直実は憐憫の情で「落ち延びよ」と声をかけた。だが敦盛は武士として首を斬られることを望んだ。本物のサムライは卑怯者で生きるより死ぬことを美学としたからである。直実もそれを承知している。だからこそ武士の礼儀として殺したのである。武士道ではこれを「武士の情け」というのである。

だが、直実の心は晴れない。「仁」(慈悲)の心が頭をもたげる。そこで直実は、敦盛の死に対して「礼」を尽くすことを決意し、地位も名誉も家族も捨てて、後生を僧侶となって生きた。新渡戸博士はこれこそ武士道における厳しくも最高の「礼」だというのである。

したがって「礼」の基本は「相手の身になってともに分かち合う精神」ということであり、さらに突き詰めると「目には目、歯には歯」の公平の論理に行き着く。そのために直実は相手と同じ立場の出家(仏になること)となったのである。この論理は武士道が「仇討ち」を認めていたことでもわかる。

礼儀を失い、非文明人になり果てたニッポン人

ところで、「礼」というと、われわれが最もよく知っている格言は「衣食足りて礼節を

知る」である。読んで字のごとく、生活に余裕が生まれて、はじめて礼儀に心をくだくことができる、というものだ。

この言葉は、斉《せい》の桓公《かんこう》を助けて覇者とした賢相・管仲《かんちゅう》の『管子《かんし》』に出てくるもので、本来は支配者の治世の術として富国強兵策を説いたものである。その意味は、強権を発動して国民を押さえても不満はくすぶるばかりで、よい結果は得られない。為政者たる者は、まず国民を富ませることが先決で、そののち礼儀を教えれば、立派な富国強兵の国になる、というものだ。

桓公はこうして斉の国を発展させたが、いま、この格言を現代の日本に当てはめるとき、果たしてこの格言は正しかったのだろうか、との疑問を私はもたざるを得ない。

ご存じのように、わが日本も戦後一貫して「富国」を目指し、ついには世界に冠たる経済大国となった（超赤字国家ではあるが）。衣食は十分に足りている。では、それにともなって「礼節を知る」という状況になっただろうか。とてもじゃないが、そうは思えない。

傍若無人という言葉があるように、公共の場におけるマナーの悪さには目を覆いたくなる。路上でのタバコやガムのポイ捨て、列の割り込み、駐車違反、はては電車内での化粧や歩きながらのスマートフォン。挙げればきりがない。いわゆる「公徳心」というものが、多くの人々から失われている。衣食は十分すぎるほど足りているのに、礼節は逆行しているのである。

余談だが、先日、向田邦子原作による戦時中のドラマを見た。もちろん風景も家族の情景も戦時中のままを再現していた。それを見て驚いた。家族における親子の会話、その態度の美しさに。まだあの頃までは〝美しき日本人〞の姿があったのだと。もちろん美化された部分もあったろうが、親は親として、子は子としての節度があった。たった七十数年前の話なのだが、あの言葉遣い、あの態度はどこに行ってしまったのだろうかと……。

そのドラマを見てつくづく思った。戦後の民主主義とやらはわれわれに自由と権利を教えてくれた。それはそれなりにいいことだったが、その半面、なくしたものも多かったのではないかと。それは「自由」を「身勝手」とはき違え、「権利」には「義務」がともなっていることを忘れたところに問題があるようだ。

礼節でいえば、最も悪くなったのは言葉遣いである。言葉は心の表現手段の第一であるにもかかわらず、尊敬語、丁寧語といったものはとっくの昔に忘れ去られ、男だか女だかわからない言葉遣いになっている。

これはなにも若い人だけの話ではない。本来、人を指導し、模範となるべき職業の政治家、教師、大企業の社長といった人でも、プライベートな席での話し方を聞いていると、まるでヤクザのような乱暴な口調の人もいる。

そして次に悪くなったのが所作態度である。いまさら「三尺下がって師の影を踏まず」とまではいわないが、かつてなら〝長幼の序〟として年配者や自分より偉い人に対しては、それなりの接し方というものがあった。それを先生を先生とも思わず、親を親とも思っていないのか、挨拶ひとつできない。

最近とくに目立つのが電車の中で、人目も憚らずやっている若い娘たちの化粧である。化粧は美しく見せるためにするものであったはずなのに、まるで醜態をさらけ出している。もっとも、それを教えるべき先生、親、上司が、礼儀作法がなっていないのだから、生徒、子供、部下が、それができなくても無理からぬことではあるが……。

もちろん、四角四面な礼儀作法や、うわべだけの形式的な礼儀もいただけない。だが、他人から見て不愉快に感じさせる不作法はもっといただけない。人間が社会のなかで生きていく以上は、ある一定のルールというものが必要である。その最低限度のマナーが「礼儀」なのである。

福沢諭吉は『文明論之概略』の中で「文明とは人の身を安楽にして心を高尚にすることを言うなり、衣食をゆたかにして人品を貴くすることを言うなり」と述べているが、この伝でいえば現代の日本人は非文明人になってしまったということになる。

太宰春台の教え「義で事を制し、礼で心を制す」

だが、そうはいってても、いつの時代でもこのような世相はあったようで、心ある人を嘆かせてきたようだ。吉田兼好の『徒然草』を読むと、「何事も、古き世のみぞしたはしき」と、昔はよかった的なことが書かれている。武士道華《はな》やかな、あの江戸の元禄期ですら、次のような文章を目にすることができる。

「上より下まで心ゆるみて、ひたすら歓楽のみをいとなむ故《ゆえ》に、旧きことはをかしからずなりて、新しきことを、めづらしきともてはやすほどに、人の詞《ことば》、身のさまより始めて、衣類、器物、家づくりまで、昔にかはりぬれば、まして人間の種々の儀式……」

これは江戸中期の儒学者、太宰春台《だざいしゅんだい》が晩年に記した『独語』の一節である。人々の心が浮かれて歓楽ばかり求め、昔のよき風習がなくなったことを嘆いているのだ。

春台は荻生徂徠《おぎゅうそらい》の高弟で経世家《けいせいか》（政治経済論者）として知られている。その名を馳せたのはあの「赤穂浪士裁判」のときで、大学頭《だいがくのかみ》（いまでいえば東大総長）林信篤《はやしのぶあつ》や室鳩巣《むろきゅうそう》（儒学者）らが浪士たちを「義士」として助命を願ったのに対して、この春台は師匠の荻生徂徠とともに「法は法」「義であるが私」だとして、厳罰論を述べている。

春台は、この世は法をもって第一とするという考え方だったので、彼自身もきわめて厳格な生き方をしたが、社会の秩序や礼節に関してはことのほか厳しかった。あくまで世の中は「法」によって治めるべし、というのだ。それゆえに、その思想は孟子の「性善説」を認めず、人間は「善」であるとも「悪」であるとも決めず、ただ動物であると規定している。

春台は言う。

「人間は動物であるから、こころもまた動物、すなわち動くものである。つまり、つねに欲望に左右されており、したがって、自分に損になることは避け、利になることを求めるは自然の情というべきなり。この点においては君子も小人もなんら変わるところがない。(中略)そこで、その心を〝先王の道〟で教育すれば、それは君子の智となり、放っておけば小人のままにとどまることになる」(『聖学問答』)

しかるに、

「義をもって事を制し、礼をもって心を制する」

と、結論づける。これは『書経』にあるもので、彼は世を治める根本を「礼」の教育に置いたのである。

春台は儒教でいうところの慈悲の思想、すなわち「仁」など認めていない。そんなものは動物だってもっているが、だからといってすべての人間が善人とは限らない。であるなら、この世の秩序を守り平穏な社会にするためには、あくまでも人間として培った「義」と「礼」を行動の規範にすべし、というのである。

なぜなら、心の中の「仁」は目で見えにくいが、「義」は行動となり、「礼」は「形」となって表れるもので、目に見えるからである。したがって、この「礼」を厳しく躾《しつ》ければ、悪い心をもった人間でも、行儀作法とともに心もおのずから正しくなっていく、と説いたのである。

しかしながら、この考え方は、「礼」すなわち「型」さえ整っていれば、内面はどうでもいいのか、ということになり、「仁は根本、礼は末」とする多くの儒学者から批判があがった。

春台は明言する。

「それでもいいのだ」と。

なぜなら、理屈を言ったところで、それが守られなければ道徳などないにひとしく、理屈を知らなくても「型」があれば、それは「礼」に通じて、結果として道徳を知る者と同じことになると。要は、中身を大事にするか、形式を大事にするか、ということである。

この思考の違いは現代においても分かれるところで、簡単にいえば「動機論」と「結果論」の違いである。前者は人間の行為の善悪を、あくまでその心情から発した動機から判断するものであるが、後者はそれに対して行為の結果から判断するものである。

いうまでもなく春台は結果主義の立場だった。人にはそれぞれ事情があり、それらをいちいち忖度《そんたく》していれば情に流される。情はあくまで個人的なもので公ではない。為政者として私情をはさむことは判断の誤りとなる。そこで客観性を重んじる「結果論」を主張したのである。これは春台が為政者側の学者だったからである。

とはいえ、春台自身は、人間の内面を無視し、行為の結果だけを重んじる形式主義者ではなかった。彼にはあくまで教育によって道徳は養われるとの確信があった。礼儀を厳しく教えれば、その過程でなぜそうすべきかがわかり、その行儀作法とともに心もおのずと正しくなる、というのが春台の哲学だったのである。

俗に「服装の乱れは心の乱れ」という言葉もあるように、春台は礼節の大事さを、次のように訴えている。

「風俗に品格があれば、その国の勢いは盛んになるが、低級になれば衰運に向かう。世の盛運はその社会の風俗にかかっている。その風俗を高きに保つものこそ礼節である」

社会を平穏で暮らしやすいものにするために、最も必要なのは「秩序」である。その秩序の具体的な行為が「礼」である。それゆえに武士道では「型」としての「礼」を厳しく問うようになったのである。

いうなれば春台は、先の辞書の「礼」の意味である「社会秩序を保つための生活規範の総称」という概念を、文字通り作り上げた人物だったといえる。

私は春台の説を両手《もろて》をあげて支持するわけではない。だが、今日、人間の欲望を全面的に肯定し、それを「自由」とはき違え、傍らに人が無きように振る舞う人々が、大手を振ってまかり通る風潮を見るとき、春台の言わんとする説は一つの警鐘として聞こえてくるのである。

第五章

「誠」「名誉」「忠誠」こそサムライの心髄

「誠」は言行一致を表すサムライの徳

武士道は前述した徳を基本として、さらなる磨きをかけ、至高の徳を築くに至った。それがこれから述べる「誠」「名誉」「忠義」というサムライの心髄ともいえる徳である。

たとえば、先の太宰春台は経世家だっただけに国家全体の秩序を完成させるために「型」としての「礼」を重んじたが、武士道では慇懃《いんぎん》無礼《ぶれい》との言葉もあるように、そこに心がなければ、いかに形があったとしても「礼」とは認めなかった。なぜなら、それは武士道が最も崇高なる徳と認じた「誠」がないからである。

新渡戸博士も「真実性と誠意がなければ、その礼は道化芝居か見世物のたぐいである」と言っている。

では、「誠」とは何か。

博士は、こう述べている。

《孔子は『中庸』において誠を尊び、これに超越的な力をあたえて、ほとんど神と同一視した。いわく「誠なる者は物の終始なり、誠ならざれば物なし」と。孔子が熱心に説くところによれば、（中略）誠は遠大にして不朽《ふきゆう》であり、動かずして変化をつくり、それを示すだけで目的を遂げる性質を持っているという》（『武士道』第七章）

いささかわかりにくいが、「誠」とは簡単にいえば「誠実」のことである。それは本心良心の真心にもとづく誠意となって表れるものだから、その究極の「至誠」は神のごとくである、というのだ。それゆえに、人はそこから生まれ出る行為に対しては、黙っていても信頼し、その人の目的を達成してくれる、と。

とくに孟子は、この「誠」を重要視して、次のような文脈で語っている。

「誠は天の道なり。誠を思うは人の道なり。至誠にして動かざる者は、未だこれあらざるなり。誠ならずして、未だよく動く者はあらざるなり」

この言葉を信条とし、座右の銘として生きたのが吉田松陰であった。松陰は自ら『講孟《こうもう》劄記《さつき》』なる本を書いたほどの孟子の大ファンだった。もちろん西郷隆盛も山岡鉄舟も、いや、武士道を求める者の最高の位置にあったものが、この「至誠」だったのである。

すでに「義」「仁」を学んだわれわれにすれば、「誠」のなかに「義」「仁」が含まれていることを理解できるが、じつはこの徳こそ、儒教の五常の精神「仁・義・礼・智・信」

を統合したもので、同時に武士道の美学に通じる「言行一致」の精神を表す徳にほかならなかった。というのも「誠」という字は「言」と「成」という部分からできているように、「言ったことを成す」という行動規範そのものを表す言葉であり、それゆえに武士は、いったん「イエス」と承諾すれば、命に代えてもそれを実行しなければならず、ここから「武士に二言はない」という言葉が生まれてきたのである。

したがって武士は、その対極にある「嘘つき」や「不誠実な者」を、人間として最も卑しき者として厳しく嫌った。これはなにも武士だけではない。一般庶民とて同じである。なぜなら「嘘つき」や「卑怯者」は、自分の目先の利益で動くため、たんに周囲の者に迷惑を及ぼすだけでなく、ひいては社会の混乱を招く元凶となるからだ。

それについては、名作『乞食オペラ』の作者であるJ・ゲイが的確にこう語っている。「卑怯者は、自分を守るために嘘を生み、背信を育て、嫉妬・裏切りを養い、しばしば自己放棄する。いずれも一つひとつは小さな悪だが、それが結果的には大きな悪となって結実する。相手の信用をズタズタに断ち切るどころか、ひいては世の乱れの元となる」

それゆえに卑怯者や嘘つきは、社会悪の元凶として誰からも嫌われるのである。

小早川秀秋が教える「卑怯者の末路」

その例を歴史に見てみる。

徳川家康が儒教を重んじ、それを幕府の官学として用いた動機を、関ヶ原の合戦で得た教訓があったからだと私は述べたが、じつはあの戦いの勝敗を決したのは、一人の卑怯者の大裏切りがあったからだった。

その武将の名を小早川秀秋という。このとき、まだ十八歳の若者だった。秀秋は秀吉の正室・北政所《きたのまんどころ》の甥にあたり、幼少のうちに子供のいない秀吉の養子となった。ところが、のちに秀吉に実子・秀頼が生まれたことから、この少年は掌《てのひら》を返したように邪魔者扱いされ、十一歳のときに小早川隆景の養子に出された。

関ヶ原においては、むろん豊臣家の血筋を引く者として、前出の宇喜多秀家以上に西軍(豊臣方)の指揮官として働かねばならなかった。事実、最初のうちは大軍を率いて西軍に加担した。だがこの少年は、あまりにも秀吉に溺愛《できあい》され、一時はその後継者と目されたこともあったことから、周囲からも甘やかされて育ち、その性格はわがままで優柔不断であった。

その弱味を家康につけ込まれ、「味方をすれば他に二カ国を加増する」との誘いに乗り、そしてついに、戦いの途中で、家康が放った威嚇の大砲に驚き、裏切ったのである。西軍側は味方の陣地から、突然、一万五千の軍勢が襲いかかってきたことにより、それまでの形勢が逆転し、惨敗したのであった。

関ヶ原のあと、秀秋は約束通り二カ国を加増されて五十一万石の大大名となった。が、同時に〝天下の裏切り者〟〝天下の卑怯者〟とのレッテルももらった。『関原軍記大成』によれば、秀秋の裏切りによって憤死した大谷吉継は「われ、人面獣心となり、三年の間に祟《たた》らん」と、秀秋を恨んで死んだというが、事実、秀秋は世間の白眼視に堪えられなくなり、二年後、ノイローゼとなって死亡した。その結果、お家は断絶。まだ二十歳の若さだった。

ついでながら、西軍からの裏切り大名は五名いたが、幕末まで残った家系は二家だけで、あとの三家は関ヶ原合戦後、早々に断絶した。いかに戦国の世とはいえ〝裏切り者〟は、その汚名だけ残して露と消えたのである。

のちに家康は「裏切り者が出るように仕組むのは戦術だが、裏切り者は結局はまた裏切る。長い目で見れば忠誠こそ成功の秘訣である」などと勝手なことを言っているが、人間というものの本性を把握していた家康ならではの言葉である。

だが、こうした教訓が他の武士をして「忠義」一途の精神を高め、武士道がサムライの道徳律になるに従って、一層、その最高地にある「誠」の道が、なによりも尊ばれるようになるのである。

そのことは、この「誠」を旗印にかかげた幕末の新選組を見ればわかる。彼らは、もとを質《ただ》せば武州三多摩（現在の東京都多摩川周辺）の百姓出身者であったのだが、それゆえに本物のサムライに一層憧れ、その本物の武士が求めた「誠」を貫こうと、徳川幕府には義理も恩顧もないのに、武士以上の節義を守って死んでいったのである。

「誠」における武士道と商人道の違い

さて、「武士に二言はない」という言葉は、それだけ武士の言葉が重みをもっていた証拠だが、たしかに武士の社会にあっては、約束事はおおむね証文など取り交わさずに決められ、かつ実行された。むしろ証文を書くことは、武士の体面を汚《けが》すものと考えられた。

ここに西洋社会と日本社会とでは、大きな違いが生じてくる。というのも、西洋では前出の太宰春台が言ったように「人は利害によって動くもの」との前提がある。東洋人がおおむね「性善説」に立っているのに対して西洋人は「性悪説」に立っている。そのため、あの騎士道華《はな》やかなりし頃においても、領主と騎士は契約で結ばれ、日本のように忠誠心で結ばれていたわけではなかった。

ところが、わが日本では孟子の「性善説」が深く浸透し、さらにその上に武士道の心髄ともいえる「誠」があったために、契約といった概念はなく、「口約束」だけで十分に事は足りた。もし、いったん約束したことを守らなければ、武士は究極においては切腹、通常においても「信なき者」とされ、以後、相手にされなかったのである。

もちろん、この「誠」はなにも武士だけの特徴ではない。商人道を築き上げたといわれる石田梅岩《ばいがん》も、「信（信用）は商人の宝、誠こそは人間の道」と説いている。同様に、その石田梅岩を尊敬し、自らの商人道にその思想を取り入れた大倉財閥の創業者・大倉喜八郎は、『翁の訓言』として、次のような掟を残している。

「一、時は金なり。二、油断するな。三、無駄をするな。四、天物を暴殄《ぼうてん》（消費すること）するな。五、信用を重んずべし、信用なき人は首なき人と同様なりと知るべし。六、何事も魂を籠めて誠心誠意をもって働け（以下略）」

ゼニ勘定をする商人は、武士と違って、不合理とされる「義」や「勇」、ましてや「無欲」などを美学と考えるものではない。それというのも武士階級は忠誠を誓っていれば身分も生活も保障されたが、それに対して商人は食うか食われるかの世界である。そこには「損得勘定」の合理的発想しかない。武士のように「義をみてせざるは勇なきなり」といって、無理して勇を振るったところで、それが儲けにつながらなければ価値はなかった。ここが武士道とは違うところである。

だが、その商人ですら「誠」の徳から生じる「誠意」「信用」においては、第一の徳として重んじたのである。同様のことは、住友家の家訓にも、「名誉を害し、信用を傷つくるの挙動あるべからず」「わが営業は信用を重んじ、確実を旨とし」などと、何度も出てくることからもわかる。

だがこの点について、新渡戸博士は「武士道の誠と商人道の誠は違う」と、次のように批判している。

《私はアングロ・サクソン民族の優れた商業道徳に敬意を払い、その根拠を尋ねたことがあった。すると彼らは「正直は最善の策である」と答えた。要するに正直は引き合うというのである。となれば、それ自体がこの徳の報酬ではないのか。すなわち正直は嘘をつくよりも多くの金銭を得るということである。それゆえに正直を守るというのであれば、武士道はむしろ嘘をつくほうを選ぶであろう、と私は思った》（『武士道』第七章）

要するに博士は、商人が正直を大事にすることは認めるが、それは金銭を得られるからであり、その目的がなければ守らないということであれば、これは武士道とは違う、といっているのである。というのも、武士道における「誠」や「正直」というのは、たとえそれが儲かろうと損しようと、そうした利害に関係なく、人間としての正しい道を守るのが武士だと考えていたからだ。いわば博士は、武士道における「誠」は、「義」を基本とした正しいことのために守るのであって、商人道のように損得勘定から出るものとは次元が違うことを言いたかったのであろう。博士は前述したように武士の出身であり、クリスチャンなので、この点については厳しく区別している。

したがって、武士はたとえ貧しくても損得では動かない。いや、動いてはいけないのである。行動の基準はあくまで、どちらが人間として正しいことか、ということである。福沢諭吉が先の『痩我慢の説』を唱えたのもここにあり、武士にとっては貧乏など問題ではなく、そこに「義」があるか、「誠」を貫いているかが問題だったのである。

〝商人国家〟といわれる現代の日本人からすれば、「なんと不合理な」と思われようが、その精神があったからこそ〝美しき日本人および日本〟があったのである。これは生き方の美学の違いである。そしてこの美学は、訓練された武士、あるいはそれを理解する者でなければ貫くことはできない。そのことは「義」や「誠」を忘れて利害だけで動く、現代の日本人がどうなったかを思えば説明するまでもないだろう。

「名誉」とは人間の尊厳としての価値

さて、話はいま一歩進んで、武士道には「誠」とならんで、いま一つ至高としたものに「名誉」というものがある。簡単にいえば、名を尊び自分に恥じない高潔なる生き方を守る、というものである。

先に私は戦場で死んでいった森迫親世《もりざきちかよ》の、

命より名こそ惜しけれ
武士《もののふ》の道をば　たれもかくやおもはん

という辞世を挙げたが、これこそ不名誉な「生」より名誉ある「死」を求めたものとして「武士道の誉れ」とされたものだ。その散りぎわをあっぱれとしたのである。

武士道が桜の花を象徴とした日本固有の精神だったことは、本居宣長《もとおりのりなが》や新渡戸博士が伝えるところだが、それを端的に表す言葉に「花は桜木、人は武士」というものがある。

この言葉は江戸中期に始まり、戦時中まで言い伝えられ、とくに武士道精神を重んじた軍人たちに愛されたものだった。文字通り、桜こそ花のなかの花、武士こそ人のなかの人、ということである。桜と武士の美しさを称えたもので、とりわけ散りぎわ（死）の「いさぎよさ」を賛美したものといわれている。

したがって武士道にはつねにこの散りぎわの「死」が背景にある。その典型が『葉隠』の語るところの「武士道とは死ぬことと見つけたり」の言葉だが、あの吉田松陰でさえ『武教全書講録』の中で、「武士は守死であるべし。守死とはつねに死を維持していることである」と述べている。つまり、死は大事なものであるがゆえに、つねにどう死ぬかを平素から心がけておけ、というのである。

もともと不浄とみなされた「死」を、なぜかくも、「美」に転化したのか。それは、たび重なる戦乱のなかでいかに雄々しく死ぬか、その覚悟を身につけるために死を美学として磨いたとも思われるが、その本意は、いかなるときも「死」を覚悟して生きろ、ということなのである。

『葉隠』における先の言葉も、なにも死ぬことを軽んじていっているのではなく、死ぬことを意識しない生き方は、すべからくただの遊戯にすぎない、といっているのである。別言するなら、それは「真の生き方とは、死を自覚して生きる」ということであり、俗にいえば「死ぬ気になったらなんでもできる」という意味で、西洋哲学でも「Mement Mori(メメント・モリ)」(死を忘れるな!)という至言がある。

このことは黒澤明監督の『生きる』という映画を思い出してもらえば具体的に理解できるだろう。志村喬《しむらたかし》演じる市役所の万年課長が、自分が胃がんであることを知って、はじめて本当の生き方に目覚めた、というあの話である。つまり人は死ぬことを自覚しない限り、「いかに生きるか」などといった根源的なことは考えないものなのである。

したがって武士道の「死」は「生」を高らしめるための「死生観」であり、それは「どう生きながらえるか」ではなく、むしろ「どう美しく死ぬか」であり、同時に「なんのために生きるか」という根源的な哲学の上にあるのである。

そこから転じて、武士道は死を超えても守らねばならない「道義」のために、死をも美学として昇華させたのである。

では、そこまでして守らなければならない道義とは何か。それが「名誉」なのである。新渡戸博士が述べる。

《名誉という感覚には、人格の尊厳と明白なる価値の自覚が含まれている。名誉は武士階級の義務や特権を重んずるように、幼児のころから教え込まれ、武士の特質をなすものの一つであった》(『武士道』第八章)

一般に名誉の観念は「名《な》」「面目《めんもく》」「外聞」などの言葉で表されるが、その根源は「廉恥《れんち》心《しん》」すなわち「恥を知ること」である。廉恥という言葉はすでに死語だが、この反対が破廉恥である。

博士が続ける。

《恥の感覚、すなわち廉恥心はサムライが少年時代から最初に教えられる徳の一つであった。「笑われるぞ」「名を汚すなよ」「恥ずかしくはないのか」といった言葉は、過ちを犯した少年の振る舞いを正す最後の訴えであった。

少年たちの名誉心に訴えるこのやり方は、あたかも彼が母胎にいるころから名誉で養わ

れたごとく、子どもの琴線《きんせん》を刺激した。（中略）

実際に、羞恥心《しゆうちしん》という感覚は、人類の道徳意識のうちでも、もっとも早い徴候ではなかったかと私は考えている。あの〝禁断の実〟を味わった結果、人類に下された最初にして最後の罰は、子を産む苦しみでもなく、イバラや薊《あざみ》のトゲでもなく、羞恥の感覚の目覚めだった》（『武士道』第八章）

いわば名誉は、恥を知る心の裏返しとなって、人間が人間としての美学を繕うための最初の徳となり、武士にあっては「命」以上に重きを置くようになったのである。つねに桜のように美しく散れと。日本人の精神文化が〝恥の文化〟とされるのは、こうした長い年月のなかで培われたものだったといえる。

「名誉の戦死」が名誉でないのはなぜか

「名誉」に関して新渡戸博士は、こうも言っている。

《サムライの若者にとって追求しなければならない目標は、知識や富ではなく、名誉を得ることだった。多くの若者は、わが家の敷居をまたぐとき、世に出て名を成すまでは、再びこれをまたがない、と自分の心に誓ったものである。また我が子に大きな望みを託した多くの母親は、息子が「錦を飾る」の言葉通りになるまで、再会することを拒んだ。恥になることを免《まぬか》れ、名をあげるためなら、サムライの息子はいかなる貧困にも、いかなる艱《かん》難辛苦《なんしんく》にも、自分にあたえられた厳しい試練として耐えたのであった》（『武士道』第八章）

いわゆる「青雲の志」といわれるものがこれである。博士の文章にも「末は博士か大臣か」と、近代国家のもとで西洋列強に追いつき追い越せ、との国家目標をかかげる明治期の息吹が感じられる。できうるならば、いかなる時代においても若者は高き理想をかかげ、「志」をもって人生を歩むほうがよろしい。とくにそれが、博士の言うような「富や知識のためでなく、名誉のために」追求されるならばいうことはない。

とはいえ、その「名誉」が自己の尊厳を守るというより、「名をあげる」といった単純な立身出世主義では、あまりにも明治的といわざるを得ない。なぜなら、利己的利欲を満足させるための立身出世にこだわると、それは私利私欲の権力闘争を生みだし、必ずしも人間の幸福に結びつかないばかりか、世を乱すもとになるからである。

そのことについては、名誉を立身出世主義と勘違いした明治期の人々が、結局は何をしたかということを見ればわかる。

本来の武士道精神の心髄は西郷隆盛や山岡鉄舟に見たように、あるいは内村鑑三の生き方のように、地位や権力や富とは無縁であった。その精神を忘れた立身出世主義者たちは、やがて権威主義者となり、名誉をいつの間にか虚栄心に置き換え、最終的にはあの無謀なる戦争の道に突き進んだのである。

しかも、その名誉は、あげくの果てに「名誉の戦死」という美辞麗句を作り上げ、尊い命を犠牲にしてしまったことを思うと、私はとてもこの名誉には賛成できない。

シェークスピアの史劇『ヘンリー四世』の中でも、このような美辞麗句の「名誉」に対しては、さんざんこき下ろしている。有名な「名誉の弁」として知られるものだが、次のような台詞《せりふ》が登場する。

「名誉心に脚が治せるかな？　治せるものか。（中略）名誉心の奴に医者の心得はないだろうな？　あるものか。名誉とは何のことだ。言葉だ。その名誉という言葉の中味はなんなんだい？　その名誉とは何の事だ？　空気だ。結構な差引き感情だ！」（福田恆存訳）

これは名誉にばかりこだわる騎士道の権威主義、理想主義に対する庶民の現実主義者からの揶揄《やゆ》である。「名をあげ身を立てる」意味の名誉を目指すこともときには必要であるが、それが高じると虚栄心や形式主義となって、似非《えせ》権威主義者だけが大手を振ってまかり通ることになる。それが戦前の軍部の姿であった。これは本来の武士道精神からいえば邪道で、名誉と立身出世主義とはいっさい関係ないことなのである。

本阿弥光徳が死守した「一族の名誉」

では、本当の「名誉」とはどんなものか。

やはり一言でいえば、己の尊厳を守るということだろう。この尊厳は「誇り」という言葉に置き換えてもよい。

具体的な話をしよう。

本阿弥光悦《ほんあみこうえつ》の一族に光徳《こうとく》なる人物がいた。

あるとき光徳が、徳川家康に招かれてその秘蔵とする正宗《まさむね》の脇差しを見せられた。家康が自慢気に言った。

「この刀は代々、足利公方家《くぼうけ》の宝とされてきたもので、足利尊氏公直筆の添状までついている。いかがなものか」

本阿弥家は代々、刀の目利き、研ぎ、磨きを家業とする家柄であった。光徳は家康を目の前にして、うやうやしく刀を手に取り拝見した。刀はたしかに正宗だが、何度も焼き直しをしていて使いものにならない。そこで光徳が見たままを正直に述べると、家康はたちまち不機嫌になり、

「何を申すか。これは尊氏公の添状までついている由緒正しきものだぞ」

と、怒った。だが、光徳はその威厳にひるむことなく、こう言い放つのだ。

「わが家系は代々刀の目利きをもって、それを生業《なりわい》とする者です。だが、尊氏公が刀の目利きであったという評判は聞いておりません。いかに添状があろうと、由緒正しきものであろうと、私が見るところでは使いものになるものではありません」

怒った家康は、以後ふたたび光徳を召し出すことはなかったという。

つまり、これが「名誉」を守るということである。絶対権力者の家康の前であろうと誰であろうと、その威厳に圧《お》されて目利きをしたとなると、その生業とする本阿弥家の「誇り」に傷がつく。この誇りがなくなれば、それ以後、本阿弥家の生業は立たなくなる。刀の目利きにかけては、自分こそが天下の権威であり、その名誉を代々守っているからこそ、

本阿弥家があるのだ、というのが光徳の精神だった。

たとえこのとき、家康の怒りに触れて手打ちになろうとも、本阿弥家の「名誉」を守るほうが光徳にとっては大事だったのである。

名誉とか誇りといったものは、命に代えても守るべきもので、たんに地位や財産の大小などを指すものではないのである。

この話は『本阿弥行状記』に出てくるものであるが、この挿話を伝えた光甫《こうほ》（光悦の孫）は、次のように付記している。

「どれほど諂《へつら》いのない者であろうと、上様（家康）が御秘蔵の刀と承っているのに、しかもその御前で、何の用にも立たぬ刀でございますと答えるほど潔い人は、めったにないだろう。（中略）わけても刀剣の扱いはわが家の一大事であって、その目利きの穿鑿《せんさく》の厳しく厳格なことは、心に曇りあるような人には到底推量できぬ」

と、光徳の態度を誉めている。こうして本阿弥家は家業の「名誉」を守り通したのである。名誉の根底にあるものは威信に忠実な心ということだろうが、じつはこれを「自尊心」というのである。先の「名誉の戦死」が間違っているのは、名誉はあくまで個人の尊厳のためにあり、国家とか世間の評判のためにあるものではないからだ。

だから、『英国の紳士』を書いたフィリップ・メイスンは、こう言うのである。

「名誉は紳士に欠くべからざるものであるが、ウィルにとっての名誉とは、ただ世間の評判のことでなく、自尊心を——従って高潔、無欠、自足を——意味した。金は軽蔑すべきものと考えた。それは本質的なものであるはずがない」（金谷辰雄訳）

したがって、いかに立身出世しようと、自尊心を忘れ、その高位高官にあぐらをかき、あるいは富を自慢し、権力を振りまわすような輩には「名誉」などという言葉を使う資格はない。今日の社会において、自己に正直で高潔なる精神を保っているのは、立身出世や財産をなした人よりも、むしろ市井のなかの物言わぬ人々のほうに多いのではなかろうか。

「忠義」——人はなんのために死ねるか

さて、これまで私は、武士道の徳目として「義」「勇」「仁」さらには「礼」「誠」「名誉」といったものを、それぞれのエピソードをまじえながら語ってきた。だが、これらは他の一般の人々の生き方にも共通する普遍的な徳目で、武士階級だけに求められていたものではない。

ところが、ここに武士ならではの徳がいま一つ残っている。それが「忠義」（忠誠・忠節）である。「忠義」だけは、他の徳目と異なり、まさしく武士道の目的となった徳目で、封建社会を特徴づける唯一のものだったといってよい。

もちろん「忠義」の狭義的なものは、あらゆる集団や組織のなかにも存在するが、武士道の忠義は「主君に真心から仕える」との意味で、現代人にとっては、おそらくこれがいちばん理解しがたいのではないか。いや、現代人ばかりか個人主義を基盤とする外国人には一層理解できないものと思われる。

新渡戸博士自身も「私たち日本人が考えている忠義は、他の国ではほとんどその信奉者を見出すことはできないだろう」と言っている。だが、そう言いながら、「それは武士道が間違っているのではなく、他の国では忠義が忘れ去られていたり、他の国では到達できなかったくらいに、その考え方を進めたからだ」と賛美するのだ。

では、博士の言う「忠義」とはなんなのか。

その具体的な例として博士は『菅原伝授手習鑑《すがわらでんじゅてならいかがみ》』を挙げているので、ここでもそれを要約して考えてみよう。

――菅原道真は、嫉妬と讒言《ざんげん》の犠牲となって京の都を追放された。だが無慈悲な彼の敵は、それだけで満足せず、道真の一族を根絶せんとたくらんだ。まだいたいけな道真の幼子を探索し、かつて道長の家来であった式部源蔵の寺子屋に、かくまわれているその子を突き止めた。

その結果、源蔵に、その子を殺して、定められた日までに届けるようにとの命令が下った。そのとき源蔵が考えたことは、その子の身代わりを見つける、ということだった。源蔵は寺子屋に通う幼童たちの一人ひとりを吟味した。だが、そのなかには源蔵が守り抜こうとしている若君に似ている者はいなかった。ところが、そこへ、品のよい物腰の母親にともなわれた、顔立ちの整った年の頃も若君とそっくりの少年が、寺子屋に入門してきた。こうして犠牲《いけにえ》の山羊が決まったのだ。

定められた日に、若君の首を確かめに役人（松王丸《まつおうまる》）がやってきた。ばれはしまいか。源蔵は刀の柄に手をかけ、もしばれたら即座にその役人を斬るつもりでいた。検視役の松王丸は、前に置かれた身の毛もよだつ生首を取り上げ、じっくりと吟味した。そしておごそかに、かつ手慣れた調子でその首が間違いなく本物であることを述べた。

その夜、子供を身代わりとされた母親は、人気《ひとけ》のない家で何かを待っていた。それは愛する息子ではなかった。役目を終えて帰ってくる夫を待っていたのだ。

その母親の舅《しゅうと》は長きにわたって道真公から恩寵《おんちょう》を受けていた。だが、道真公が追放されたあとは、やむにやまれぬなりゆきから、一家は御恩を受けた人の敵《かたき》（藤原時平）に仕える身となっていた。

しかし、世のならいとして、自分の主君に対する不忠は許されなかった。だからこそ、若君の身代わりを探していることを聞き、そのお役に立とうと寺子屋へ入れたのだ。

ところが、なんと道真公と一族が顔見知りであるとの理由で、自分の夫が、すなわち松王丸が年端もいかぬ息子の首実検の検視役を命じられていたのである。

その一日の、いやその人生にとって最も苛酷な役目を終えて、夫が帰宅した。そして敷居をまたいで戸を閉めた瞬間、夫は叫んだ。「悦《よろこ》べ女房、われらがいとけし倅《せがれ》は立派にお役に立ったぞ！」と——。


この物語を語ったあと、博士はこう続ける。


《「なんと残酷な物語！」と読者の叫びが聞こえてくるようだ。「他人の子どもの命を救うために、何の罪もない自分たちの息子を犠牲にするとは！」。

だが、しかし、この子は承知の上で、みずから進んで犠牲になったのである。これは身代わりとして死ぬ物語であり、『旧約聖書』に出てくるアブラハムがイサクを犠牲にしたような話と同じくらい意義深いもので、それ以上に嫌悪すべきものではない。どちらの場合も、義務の命じるところの従順、天から下された声に絶対的な服従をしたにすぎないのである。ただ、伝えた声の主が目に見えるか否か、あるいは聞いた声が外の耳か内の耳かという違いがあるだけだが、私の説教は控えておこう》(『武士道』第九章)

博士は、こうした犠牲を、高い世界から発せられた命令に対する〝絶対的な従順〟として認めているが、私にはまだ理解でき得ない。わが子の命を犠牲にして守らなければならない「忠義」とは、なんなのか……。

もう少し、新渡戸博士の述べるところを聞こう。

《西洋の個人主義は、父と子、夫と妻に対して別々の利害を認めている。そのために一方が他方に対して負っている義務は著しく軽減する。しかし、武士道においては、一族や家族の利害は一体不可分である。武士道はこの利害の愛情、すなわち本能にもとづく抵抗できない愛の絆で結びつけた。したがって、もし私たちが動物でさえ持っている自然愛によって、愛する人のために死ぬとしても、それが何であろうか》(『武士道』第九章)

博士はこう述べるが、果たして、この理屈で読者は納得いくだろうか。私が、この「忠義」という言葉に引っかかるのは、「主君のためにすべてを犠牲にする」という考え方に同意できないからである。

自分の美学として「義」（正義）のために死ぬ、というのはまだわかる。それは個人的な意志が働いているからだ。あるいはまた、愛する家族を守るために死ぬ、というのもわかる。それは「仁」の極致だからだ。だが、たんに「主君のため」あるいは「国家のため」に死ねるかと問われたとき、現在の私は即座に答えることはできない。

思うに、この違いは、新渡戸博士が明治期の「忠君愛国」の精神教育を受け、さらには敬虔《けいけん》なるキリスト教徒として、神イエスのためにはその身すら犠牲にする覚悟ができていたからだろう。

だが、それに対して私たちは、「主権在民」の個人主義教育を受け、個人の命は自分自身のために存在することを教わっている。この発想は戦争という大きな犠牲と引き換えに与えられたものである。いかなる国家でも国家が先にあって個人が存在するのではなく、個人の集大成したものが国家である。ここが違うのではないか。

博士の考え方が国家主義であることは、博士自身も認めている。こう言うのだ。

《日本人の場合は法と国家が唯一の人格に相当した、という相違がある。要するに忠義とは、このような政治理論から生まれた道徳なのである》（『武士道』第九章）

そしてさらに、こうも言っている。

《私たちはその忠誠心を、一人の主君から別の主君へ、そのどちらにも不誠実にならないように移した。その時、私たちはこの世の権力をにぎる統治者の臣下であることから、心の奥底に着座する王の下僕となるのである》（『武士道』第九章）

天皇制のもとでの中央集権国家であった明治時代にあっては、こうした発想が当然であったのだろう。だが、この「忠義心」の行き過ぎがのちの戦争を招き、〝美しき日本人の精神〟であった武士道までも歪《ゆが》めてしまった、と私は思うのである。

問題は、誰に対する忠義心かということなのだ。なぜなら、本来の「忠」の意味は己の誠を尽くすということで、それは「天」に対してのものだったからである。したがって本当の武士道精神は、ただ闇雲に死ぬことなど美化していないのである。

『葉隠』に記された武士の死生観

こういうと、『葉隠』には「武士道とは死ぬことと見つけたり」と書いてあるではないか、との指摘を受けるだろう。

だが、この意味は、前にも述べたように死を恐れていては何もできないとする覚悟のもち方であり、日常の心構えを謳《うた》ったものである。つねに「死」を覚悟していれば、逆にそのぶん「生」を大事にすることに通じるからだ。

『葉隠』は、この冒頭の一節だけが有名になり、あたかも死を軽んじているかのように受けとられているが、それは大きな誤解である。なぜなら、この著には次のような節もあるからだ。

「人間の一生はまことにわずかの事なり。好いた事をして暮らすべきなり。夢の間の世の中、すかぬ事ばかりして苦を見て暮らすはおろかなることなり」と、人生の楽しみ方まで教えているのだ。

一見矛盾するように思われるだろうが、武士道の極意は「常在死」（常に死在《あ》り）ということである。それだからこそ毎日を楽しく暮らし、その毎日をこれが最後と思って生きれば、人生の真実は一瞬一瞬にしかない。いざというときのため、その覚悟をもって生きろ。そうすれば、無駄な生き方も、無駄な死に方もない。というのが根本的な精神なのである。

ついでにいっておくと、『葉隠』とは正式には『葉隠聞書』という口述録である。語り手は佐賀鍋島藩士の山本常朝《じょうちょう》、聞き手は同藩士の田代陣基《つらもと》。常朝は第二代の鍋島光茂に幼少より四十二歳まで側近として仕えた。軍歴の功績があり、いずれは家老職になる人物と目されていたが、藩主が亡くなったことで自らも出家し、隠遁《いんとん》した。常朝自身は君主に従って殉死することを望んでいたが、鍋島光茂は天下に先んじて殉死を固く禁止していたので、その目的を達することができなかったのだ。

それから十年後の宝永七年（一七一〇年）の春、常朝を慕った田代陣基が彼を訪ね、その語るところを筆記し、七年の歳月をかけて編纂《へんさん》したのが、この『葉隠聞書』であった。この本は「鍋島論語」ともいわれ、武士としての行住座臥《ぎょうじゅうざが》（起居動作の根本）から日常の心得まで述べられており、常朝の描いたサムライの処世訓といえるものである。

ところが、不思議なことに、この『葉隠』には、武士道の本義であるところの「忠義」なる言葉は、ただの一行も出てこない。当時の武士社会にあっては、主君のためには命も惜しまぬ、というのが常識であって、ことさら書く必要がなかったとも思えるが、果たしてそうなのだろうか。

殉死が歴史から消えた事情

たとえば、もし「忠義」が単純に、主君のためには命さえも惜しまぬ、というのであれば、その極致は殉死であったはずである。恩義にあずかった君主が死に、死後の世界で一人では心細かろうと思えば、忠義ある者なら死ぬべきである。事実、戦国時代から江戸初期までは、そうした思いから主君のあとを追って自害した者もいる。明治期においても乃木希典大将は、妻とともに明治天皇の大喪の日に殉死している。「義」の発想を高め、「誠」の精神を貫くなら、ある意味ではそれは当然のことである。

だが、殉死の歴史を調べてみると、もちろん主君を慕って自害した者もいるが、そればかりではなかった。目的は別のところにあったのである。

そもそも殉死が「忠義」の美風となったのは、慶長十二年(一六〇七年)、清洲城城主であった家康の四男松平忠吉《ただよし》が死去したときからである。このとき、家臣の石川主馬《かずま》、稲垣忠政、小笠原監物《けんもつ》、中川清九郎の四人が追腹《おいばら》を切った。なかでも小笠原監物（もと一万五千石）は、前年に忠吉の勘気に触れ奥州松島にいたが、ただちに江戸へ帰って自害した。その事件が武士の誉れとして、やがて『監物草子』なる本まで現れ、見る人の涙を誘い、殉死が忠義ある武士の美風となったのである。

ついで、その二カ月後、家康の二男結城秀康が死んだときも、家臣の土屋左馬助《さまのすけ》と氷見右衛門が追腹を切り、その両人の介錯をした家来もそれぞれ切腹した。こうなると、主君が死去した場合、殉死しなければ藩の名折れということになり、諸大名はその「忠義」を競い合うことになった。薩摩藩主島津義久が十五人、伊達政宗の場合が二十人と続き、同じ殉死するにも、その数とともに苦痛の多い方法を選んで「忠義」を見せるようになった。殉死の大流行である。

ところが、大流行となると、その殉死にも「義腹《ぎはら》」「論腹《ろんはら》」「商腹《あきないはら》」と三種に区別されるようになった。義腹とは、君臣の義を重んじて誠から出るもの。論腹とは、あの者が殉死するならわれもと、議論ずくめの結果の追腹。商腹とは、自分が追腹をすれば、子孫の誉れ高く主君の引き立てがあるとの計算ずくのものである。

だが、藩主たちも、多くの家臣が殉死しては困るので、生前から殉死する者の名を決め、それに反する者があれば家名断絶とした。先の『葉隠』の語り部・山本常朝が出家したのもこの選にもれたためである。殉死した者の家には、それだけの褒美をとらせ、子息には家名を相続させた。だから、殉死は家名の誉れこそあれ、経済的な実害はなかったことになる。

ところが、ここに悲劇が登場する。初代熊本藩主・細川忠利が死去したとき十八人の殉死者が出たが、阿部弥市右衛門だけはその許可が下りなかった。弥市右衛門は小姓から勤めあげ千五百石の大身《たいしん》にまで取り上げられた寵臣《ちょうしん》だったが、許可がない以上死ぬわけにもいかない。ところが心ない周囲の者から「許しがなくても、追腹を切るのが忠義というもの」と非難され、ならばと切腹してしまったのである。

だが、許されなかった殉死のため、その家禄は兄弟五人に三百石ずつ分けられ、阿部家は下級武士に落ちてしまった。これを不服として兄弟一同は協議の末、「父の死は義腹である」として、一族郎党、女子供まで結束して、藩に対して反乱を起こしたのだ。ときに寛永二十年（一六四三年）のことである。藩側は追討軍を組織して鎮圧した。その結果、阿部一族は全滅、藩側も大将のほか多数の死者を出し、悲惨な結末となった。この史実から生まれたのが森鷗外の『阿部一族』である。

こうした悲劇のあと、幕閣においても「殉死は忠義であるか」との議論がなされた。見識ある諸大名のなかには、すでに悪しき慣例として禁止した大名も多かったが、幕閣で最初にこれを実行したのは〝智恵伊豆〟こと老中松平信綱であった。

将軍家光が死んだときのことだ。老中堀田正盛以下、五人の重臣たちが殉死した。本来なら信綱も殉死しなければならなかったが、このとき、彼は決然と「忠臣が二君に仕えないというのは、他姓の二君に仕えないということである。先君の御恩を受けなかった者はいないが、自分の名分だけでお供したら、誰が幼君を守護するのか」と、世間の批判を一《いっ》蹴《しゅう》したのである。

こうして幕府は、寛文三年（一六六三年）家綱の御代、武家諸法度を改正し殉死禁止の令を出したのである。これは殉死が当初の目的からはずれ、忠義心よりも周囲の体面、子孫の厚遇などをはかってのことで、忠義ではないとしたのだ。

武士が「忠義のためには死をも恐れない」というのは、一面においては真実であるが、殉死が家名の誉れと経済的な保証があってのこととすれば、それはもはや「忠義」ではなく、打算である。その証拠に、殉死が禁止され、それに違反した藩や家が断絶となると、いっせいにこの慣例は消えてしまうのである。

ということは、忠義は封建社会の秩序安定のために、武士の最高の徳目とされたが、その本質は徳というものではなく、新渡戸博士も言ったように「政治的理念」であったにすぎない。国家や権力者が「忠義」なる言葉を使うときほど、危険なものはないといえる。

サムライの真の「忠義」とは何か

とはいえ、私は忠義心のすべてがよくないとは思っていない。「士は己を知る者のために死す」との言葉もあるように、自分の「義」から発した忠義においては、その死を認めているからだ。

「士は己を……」の句は『史記』にあるもので、中国の戦国時代、晋《しん》の智伯《ちはく》に厚遇された予譲《よじょう》が言った言葉とされている。本旨はこうである。

「男は自分を理解してくれる人のために死に、女は自分を愛してくれた人のために化粧する。智伯は私のもっともなる理解者であった。私はきっと彼のために敵を討って死のう。そうすれば、わが魂も恥じることはないだろう」

あくまでも、死ぬ権利は自分にあり、義務ではない。武士道の切腹が美学となりうるのは、「死をもって報いる」という自分の意志がそこにあるからだ。かの忠臣・山中鹿之助が

「我に七難八苦を与え給え」と三日月に祈ったのも、それは愛する尼子《あまこ》家再興を自らの力で成し遂げようとするもので、強制的なものではなかった。

つまり、本当の忠義とは、愛する者、恩義ある者への己の自発的な忠誠心であり、それはほかからの強制や制度とかで遂行されるものではない。戦前戦中の「愛国心」や「忠義心」が根本から間違っていたのは、それを国家の意志として個人に強制したところにあったのである。

新渡戸博士も《国家がその人民の個々の良心に対して、命令するまでに強大となる日こそ悲しむべきである！》と、間違った愛国心や忠義心を批判し、続けて《武士道は私たちの良心が主君の奴隷となることなど要求しなかった》（『武士道』第九章）と述べている。

そして、忠義を発するときは、あくまでも忠義の相手が己の義に値するときのみ行われるべきだと、付け加えてこう述べる。

《己の良心を主君の気まぐれや酔狂、あるいは道楽などの犠牲にする者には、武士道はきわめて低い評価しかあたえなかった。そのような者は無節操なごますりで機嫌をとる「佞《ねい》臣《しん》」、あるいは奴隷のような卑屈な追従《ついしょう》で主君に気に入られる「寵臣」として軽蔑された。

この二種類の家臣は、イアーゴ（シェークスピアの『オセロ』の登場人物）が描く像とぴったりと一致する。その一人は自分の卑しい屈従に目がなく、あたかも主人のロバのように、自分の一生を無駄に過ごす下卑《げび》たる下僕である。もう一人は義務に忠実な振りをしながら、心の中では自分のことばかり考えている利己的な卑怯者である。主君と臣下が意見の分かれるとき、家来のとるべき忠義は、ケント公（『リア王』の登場人物）がリア王を諫《いさ》めたように、あらゆる可能な手段を尽して、主君の過ちを正すことである。もし、その事がうまくいかないときは、武士は自分の血をもって己の言葉の誠実を示し、主君の叡智と良心に最後の訴えをするのが、極めて普通のやり方だった。

わが生命は主君に仕えるための手段と考え、それを遂行する名誉こそ理想の姿であったのだ。サムライの教育と訓練はすべて、これに従って行われたのである》（『武士道』第九章）

武士の社会は〝タテ社会〟であるから、主君・上位者のものには絶対服従が忠義だと思われているが、本当の忠義はそのようなものではなかったのだ。ただ君主に奴隷のように仕え、媚《こ》び諂《へつら》って機嫌をとる者は「佞臣」「寵臣」と呼ばれ、軽蔑された。本当の忠義とは、君主に過ちがあれば身を挺し、命に代えて諫言《かんげん》する者のことをいうのである。

なぜなら忠義は、封建社会に限らず現代の会社にあっても、主君や社長といったトップに対するものではなく、「何が正しいか」の良心に対するものだからである。

江戸中期の儒学者である室鳩巣《むろきゆうそう》が『明君家訓《めいくんかくん》』の中で、忠臣のあり方として、次のように述べている。

「節義の嗜《たしな》みとは、口に偽りを言わず、利己的な態度を構えず、心は素直にして外に飾りなく、作法を乱さず、礼儀正しく、上にへつらわず、下をあなどらず、他人と交わした約諾を違《たが》えず、人の患難《かんなん》を見捨てず、（中略）さて恥を知りて首を刎《は》ねらるるとも、己がすまじき事はせず、死すべき場を一足も引かず、常に正義と道理を重んじ、その心は鉄石のごとく堅固であり、また温和慈愛にして物のあわれを知り、人に情け有るを節義の士と申すのである」

では、その忠臣たちが主君に諫言して聞き入れられなかった場合は、どうなるのか。じつは武家社会には「押込《おしこ》め」という慣行があったのだ。これは、主君が「お家（藩）」のためにふさわしくないと重臣たちが考えたときは、暴力をもって主君を座敷牢などに幽閉したり、あるいは隠居させて、別の主君を立ててしまうことをいう。

現代の企業社会でも、突然、役員会で「社長更迭」といった事件が起きるように、江戸時代においても、主君の更迭は許されていたのである。その代表例が久留米藩の第六代藩主・有馬則維《のりふさ》や、芝居で有名な『伽羅先代萩《めいぼくせんだいはぎ》』の伊達《だて》騒動である。

テレビや映画では権力をカサにきた傍若無人な殿様が登場するが、実際にはそういったことはほとんどなかったといってよい。なぜなら、主君はその藩の最高責任者であり、最高経営者である以上は、自ら身を慎み、家来や庶民の模範となることを要求されこそすれ、藩にとって不利益となることは許されなかったからである。

藩政改革者として有名な上杉鷹山《ようざん》公などは、自ら率先垂範を見せるために、殿様でありながら木綿の衣服を着て、食事は一汁一菜、すり切れた畳に紙を張ってそこで政務を執った記録が残っているが、江戸期の主君たちはどちらかといえばこうした君主のほうが多かったのである。

第六章

武士の教育と現代日本人の教育

〝援助交際〟がまかり通る理由

さて、こうした武士道の徳目をならべていくと、かつての武士とわれわれとでは人間としての鍛え方というか、教育や学問に対する根本的な姿勢が違っていることがわかる。武士道の教育は徳をもって「人間をつくる」という人格教育を主体に置いていたのに対して、戦後のわれわれは徳など無用のものとして、たんなる知識の詰め込みをしたにすぎなかった。「人格教育」などまったくなかったといってよい。

こうした人格教育の欠如が連日のマスコミをにぎわせる事件の元凶となっているのだが、その根源的な問題を問う人は、いまだ少ない。いや、それどころか、問題の核心すらわかっていないというべきである。

たとえば、こんな例がある。一時、流行語ともなった「援助交際」なる言葉についてである。いまやこの言葉は表からは消えているが、その実態がなくなったわけではない。

過日、クラス会に出席したときのことだ。いまや高校生の娘をもつ母親から、「うちの娘《こ》が〝援助交際〟をするって脅すのよ。どう説得していいかわからない」との相談を受けた。たまたま口論のいきがかり上に出た言葉であったようだが、その娘は「誰にも迷惑をかけずに、自分の体を使ってお金を稼いでどこが悪いの。お父さんだって汗水たらして月給をもらってきているじゃない。だから、自分の欲しいモノは自分で稼ぐ」と、生意気なことを言ったそうだ。それを聞いた母親は、とっさに諫める理由が浮かばず絶句したというのだ。

たしかに戦後の一般的な躾教育は、その第一が「他人に迷惑をかけるな」というものであり、次いで「自分のことは自分で責任をもて」というものだった。いまやこの最低限の道徳律も守れない大人が多いが……。そしてさらに、その母親は「お小遣いが足りなければアルバイトをして稼げ」と労働の価値も教えていた。どこの家庭でも教えている基本的な躾である。もちろんこれが間違っているわけではない。

ところが娘は、その教えをそのまま受け取って、「誰にも迷惑をかけない」「お小遣いが足りないからアルバイトをする」と、母親が教えてくれたことをそのまま返したのだ。そのアルバイトがたまたま〝援助交際〟だったということである。

いかに母親が「そんなことは許されない」「将来に悔いを残すから」「あなたの体が汚れるばかりか、心だって汚れるのよ」と言ったところで、相手に迷惑をかけるでなし、自分で責任をもつと言われてしまえば、母親の言葉はたんなる抗弁にしかならない。すると、男の友人の一人が「俺ならブン殴って黙らせる」などと乱暴なことを言ったが、「そんなことをしたら、いまの子は家出しちゃうわよ」と母親。要するに、われわれ親世代は、娘が援助交際をするというとき、それをきちんと諫める理論をもっていないのである。

なぜ、こうしたことになるのか。それは私を含めて戦後の民主主義教育で育った多くの者が、先に述べた基本的な修身や道徳など一度も教わったことがなく、一方で民主主義こそは万能の制度だと信じているからである。

だが、民主主義とは、あくまで個人主義を前提にした〝政治制度〟のことであり、人間の内面における絶対的規範にまでは関知していないのである。しかも、その個人主義は「大人としての人格を身につけた人」との意味で、大人になりきれない人がこの制度を利用すると、自由と権利だけを求めた利己主義者を増長させるだけで、その結果は「衆愚制度」になる。

どういうことか。たとえば民主主義といわれるものの代表格に「多数決の原理」というものがある。これは相対的に数の多いほうに従うというもので、その答えがたとえ絶対的真理でなくてもいいということである。極端にいうなら、赤い紙を見せて、「これは何色か」と問うた場合、半数以上の人が「桃色だ」と答えたら、それは桃色となってしまうのである。

今日、多くの日本人が横並びの平等意識をもち、人の顔色をうかがって物事を決めるのも、じつはこの多数決の原理が潜在意識のなかに組み込まれているから、といえなくもない。なぜなら、多数決が結果として物事を決定するとなれば、人は自分で考え、自分の意志で行動するよりも、多数に従って行動するほうが安易であり、周囲から変人扱いされることもない。自分の意思で行動するとなると、当然そこには責任が生じてくるし、ましや正論を吐いても多数によって否定された場合は、考えただけ無駄ということになる。したがって、それらに慣らされている子供たちは、いや大人たちも「みんながそうしているから」と責任の所在を曖昧《あいまい》にし、主体的な発想すらできなくなっていく。「赤信号みんなで渡れば怖くない」というギャグが人気を博したのは、まさにそれが逆説的真実であり、現代人の弱点をついていたからである。

しかもその上、この民主主義は基本的人権を守ることによって、個人の思想・信条・表現などの自由を保障している。もちろん基本的人権が守られているのは素晴らしいことなのだが、逆にいえば「この制度はそれらに関してはノー・タッチですよ」ということであり、内なる規範までは問わないという証である。したがって、いかなる人でも、わが心の中では何を考えてもよいということになる。

法律は犯した行為が発覚した場合のみ効力を発揮するが、それ自体には抑止力はない。

つまり援助交際をどうするかは、あくまで個人の中にある道徳律、すなわち内なる規範によってしか制御できないのである。

とかく識者たちは、何か事件が起こるたびに「法律をもっと厳しくしろ」とか「制度の変革をしろ」とか、あるいは「社会が悪い、政治が悪い」と言うが、そう言ったところで世の中がよくなったためしは一度もない。当然だろう。なぜなら、この社会を営み、政治を行い、組織を運営しているのは、個人一人ひとりの意思によって成り立っているからである。となれば不正や犯罪を行う個人の中に、「これはしてはいけない」との〝良心の掟〟がないかぎり、いくら法律や制度を改めたところで犯罪はなくならないのである。

その個人の内なる道徳律や規範をないがしろにして、社会が悪いとか、政治が悪いとかいうのは、いわば個人の責任を放棄した考え方であり、それではますます社会は悪くなるだろう。なぜなら悪賢い人は逆に、法律に触れさえしなければ何をしてもいいという考えをもち、捕まらなければ罪ではないと思うからである。現に日常語として「見つからなければ罪ではない」との言葉があるのはそのためである。

では、どうすれば不正を抑制することができるのか。すでに武士道の徳目を読まれた方ならおわかりだろうが、要は「己の心を鍛える」といった自発的な「人格教育」を積まないかぎり、この問題は自由放任主義の民主教育では解決できないのである。

孔子は「之《これ》を道《みちび》くに徳を以てし、之を斉《ととの》うるには礼を以てすれば、恥ありて且《か》つ格《ただ》し」（『論語』）と言っているが、要は、現代教育のなかから、こうした徳を基にした人格教育というものがなくなったことが、すべての元凶なのである。先に述べた五常の徳「仁・義・礼・智・信」といった良心の掟や、あるいは自己の尊厳の上に成り立つ「名誉」といったことをきちんと学んでいれば、援助交際のよしあしなどこれで説得できるのであるが……。

「山高きが故に貴からず」の江戸の教育

では、かつての武士はどのような教育を受けてきたのか。新渡戸博士が語る。

《武士の教育にあたって第一に重んじられたのは、品格の形成であった。それに対して思慮、知識、雄弁などの知的才能はそれほど重要視されなかった。（中略）知能が優秀なことはむろん尊ばれたが、知性を表すのに用いられる「知」という漢字は、主として「叡智《えいち》」を意味し、単なる知識は従属的な地位しかあたえられなかったのである》（『武士道』第十章）

ここでは人格をさらに研磨した「品格」なる言葉を使っているが、武士の教育の第一はこれを高めるためで、いくら知識を積んだところで、あるいは雄弁であったところで、それは二の次だ、というのである。しかもその知性ですら、深遠な道理を知り得る優れた知恵としての叡智であらねばならなかった、と。

ここで思い出すのが深田久弥《ふかたきゅうや》の名著『日本百名山』である。最近読み直して、なるほどと唸《うな》ったところがあった。深田は名山を選ぶとき、その選定基準の第一に〝山の品格〟を置いたというのだ。

「高さで合格しても、凡常な山は採らない。厳しさか強さか美しさか、何か人を打ってくるもののない山は採らない。人間にも人品の高下があるように、山にもそれがある。人格ならぬ山格のあるものでなければならない」

この基準で、もし『日本百名人』を選んだとしたら、おそらく現代人の多くは失格となるであろう。なぜなら、金権亡者がうごめくこの世にあって、「品格」なる言葉に値する人はごくわずかになったからである。

品格は内面からにじみ出る「徳の精神」の表れだから、それはまず顔付きに表れる。次に言葉遣いや所作動作に表れる。ところが、最近の日本では〝エライ人〟と呼ばれる人にかぎって、なぜか下品な顔をしている。暴言を承知でいえば、昔とくらべて最も醜くなったのは政治家である。ついで、庶民を食い物にして儲けている会社の社長、マスコミ人の顔もどこか卑しくなった。そして、かつては最も美しい顔付きの職業とされた学校の教師たちも……。

このことは、昔の役者といまのタレントを比較してみれば一目瞭然である。晩年の黒澤明監督が「時代劇を撮りたいが、サムライの顔付きの役者がいなくなった」と嘆いたのがよくわかる。要するに、日本人全体がみんな品性のない〝拝金主義者〟の顔なのである。ホイットマンは、かつての日本人の顔付きを見て「考え深げな黙想と真摯《しんし》に輝く目」と言ったが、やはりこれは昔話だったのである。

なぜにこうなったのか。いうまでもない、戦後の教育や躾から「徳の教育」がなくなったからである。ところが、江戸においてはなにも武士階級だけでなく、庶民に至るまで「自己を鍛える」教育を受けたのである。

たとえば、前述の「山格」で思い出したが、これに似た諺に「山高きが故に貴《たっと》からず」というのがある。『実語教』という本に書いてあるもので、古くから寺子屋の教科書として使われたものである。原文では、この句のあとに「樹あるをもって貴しと為す」とあって、いくら外見がよくても実質をともなっていないと本当の値打ちはない、と教えた。そしてこのあと「人肥えたるが故に貴からず、智あるをもって貴しと為す」と続き、いくら財産があっても智恵がなければ立派ではないと説いた。

江戸の人々は幼少から、「叡智」の重要さと学ぶことの必要性を教えられたのである。しかも、学ぶにしてもその目的は「名声」や「富」を得るためではなかった。

「学ぶ者はすべからくこれ実を務むべし。名に近づくことを要せず方《まさ》に是《ぜ》なり。名に近づくに意あるときは則ちこれ偽《ぎ》なり。大本《おおもと》すでに失す」（『近思録』「為学篇」）

つまり、学問の目的は自分の能力や人格を磨くことにあって、名声や利益を求めようとするのは本末転倒であり、本物の学問ではない、との意味である。

功利主義に慣らされた現代人からすれば、なぜ名声や利益のために勉強してはいけないのかと思われるだろうが、いわれてみればその通りで、学問それ自体は「真理の探究」と「人格形成」が第一で、就職に有利だとか、名声があがるからといったのは邪道である。

この教えには現代の学校教育の盲点が指摘されている。なぜなら、進学や就職のためという「利の教育」は、学問自体の本質を損ない、受験テクニックのための知識だけを詰め込むだけのものとなり、肝心の人間形成や本当の幸福をもたらす智恵にはつながらないからである。だからこそ、いまマスコミを騒がすような〝奇妙な人間〟や、平気で不祥事を起こす高級官僚や企業人ができてしまうのである。これは学問の本末を転倒した結果だといえる。

江戸時代における子供の教育は、歴史学者たちの説によると世界最高水準であったという。現に、元禄時代に来日したフランス人は、寺子屋に通う子供たちを見て、「日本人の子育て教育は世界の理想であり、とうてい外国人の及ぶところではない」と感嘆し、そこで武士の子も町人の子も一緒に学ぶ様子と、その自由さに目を見張っている。明治初期に政府の教育顧問として来日したデービッド・モールというアメリカ人も「日本の寺子屋制度は廃止すべきではない。教育のためにこれほど有益な場所はない」と賞賛した。これはフランスもアメリカも階級による差別があり、貴族と庶民がともに学ぶことなど考えられなかったからだ。

ついでに述べると江戸の教育水準は、幕末には全国で約二万軒の寺子屋があり、江戸府内においては町内に最低二、三軒あったとされている。むろん就学率も高く、嘉永年間（一八五〇年ごろ）の江戸府内では八十パーセントにも達していた。世界と比較するデータがないので正確にはいえないが、おそらく世界の最高水準だったのではないか。

しかも、教える側の師匠は資格制限などないので、武士もいれば町人もおり、その比率は七対三ぐらいだった。それゆえに、武士道の精神もおのずから庶民全般に普及したのである。

なぜ武士の教育から「算術」がはずされたのか

とはいえ、いかに武士と町人が同じ寺子屋で学べるといっても、それは幼い頃のことであって成長するに従い、武士は武士となるべき独自の教育がなされた。町人たちが現実的に役に立つ「読み、書き、算盤《そろばん》」をもってよしとしたのに対して、武士の子は「文武両道」が基本なので道徳、文学、歴史のほかに、剣術、柔術、乗馬なども必須科目とされた。これは「義」を行うにも「勇」がなければ実行できないからである。

ところが、現代から考えると不思議なことに思えるが、「算術」という科目は意識的にはずされた。なぜか。新渡戸博士が次のように述べる。

《それは武士道が損得勘定を考えず、むしろ貧困を誇るからである。武士道にあっては、ヴェンティディウス（シェークスピア劇の登場人物）がいうように「武人の徳である功名心は、名を汚す利益よりも、むしろ損失を選ぶ」ものだった。かのドン・キホーテが黄金や領土よりも、彼の錆《さ》びついた槍とやせこけたロバを誇りとしていた、ようにである。わがサムライは、この誇大妄想にとりつかれたラ・マンチャの騎士に、心から同情するのである。

武士は金銭そのものを忌み嫌う。金儲けや蓄財を賎しむ。武士にとってはそれは真に汚れた利益だったからだ。時代の頽廃《たいはい》を嘆く決まり文句は「文臣銭を愛し、武臣命を惜しむ」というものである。黄金や生命を惜しむ者は非難の的となり、これらを惜しみなく投げ出す者こそ賞賛された。よく知られた格言にも「何よりも金銭を惜しんではならない。富は知恵を妨げる」というのがある。したがって武士の子は、経済のことはまったく無縁に育てられた。経済のことを口にすることは下品とされ、金銭の価値を知らないことはむしろ育ちのよい証拠だった》(『武士道』第十章)

なかなか示唆に富む言葉である。

しかし、それにしても、なぜこのように損得勘定の「利」を嫌ったのか。それは「利」が人間の欲望の大なるものであるため、それを優先させれば、武士道の支柱となる「義」も「勇」も、さらには人間として最も大事な徳である「仁」すらもが、ないがしろにされ、欲望だけが渦巻き、安寧なる秩序社会が保てないことを知っていたからである。

それは歴史の教訓であった。徳が失われた社会はどうなるか。『旧約聖書』のソドムとゴモラの例を引くまでもなく、かつて繁栄を築いたカルタゴやローマ帝国にしても、あるいはわが国の平家一族にしても、利に走り贅沢を極めた末、国家のバックボーンとなるべき精神を喪失し、滅亡へとつながったのである。

それゆえに、儒教においても「利」に対しては厳しく戒めている。

子曰く「君子は義に喩《さと》り、小人は利に喩る」（君子というものは、すべての物事が人として正しい道に適合するかどうかをまず考えるが、小人は利益があるかどうかをまず考える）

子曰く「利を見て義を思い、危うきを見て命を授く」（利益を前にしたとき、それに惑わされることなく、それが正義にかなっているかを考え、危急のときは命を投げ出して事にあたる）

先に述べたように、武士道の支柱は「義」である。この義は打算や損得勘定とは対極のところにあるので、「利」を得んと欲すれば「義」を捨てなければならない。そのために武士は、損得勘定で動く者を義がないとして、軽蔑したのである。

しかし、この発想はなにも江戸時代の武士だけが求めていたものではない。古来から「清貧」という言葉があるように日本人が所有していた精神だった。吉田兼好の『徒然草』の中にも、次のような文章を見つけることができる。

「名利に使われてしずかなる暇《いとま》なく、一生を苦しむこそ愚かなれ。財多ければ身を守るにまどし。害を買い、わずらいを招くなかだちなり。（中略）金は山に棄て、玉の淵に投ぐべし。利に惑うは、すぐれて愚かなる人なり」（第三十八段）

兼好は言う。世俗的な名声や地位とか財産とかに心を費やして、静かに生を楽しむ余裕もなく、一生をあくせくと暮らすなど、じつにつまらないことだ。とくに財産などもっていると災いのもととなる。利益に心を悩ます人は、まったくおろかな人である、と。

そして続けて、地位とか名声とかを求めることのおろかしさを説き、さらに世間の評判を得るために知識と学問を誇ることも、いかに空しいかを訴えるのである。

この段は仏教思想からきたものだが、この思想は武士道の極致といわれた西郷や山岡鉄舟らの「無私無欲」の信条と変わらない。要するに、江戸時代に完成する武士道は、こうした日本古来の伝統的な精神構造の上に成り立っていたのである。

武士道が利益の追求や所有の観念を忌み嫌ったのは、もともと武士が支配者側の〝公人〟であり、庶民と違って生産者ではないからだ。しかも武士は〝民の見本〟としての生き方を要請されている。したがって、もし武士が、富への願望、所有の欲望を正当化したならば、武士は権力にものをいわせてそれらの欲望を追い求め、非人間的な所業を行う恐れがあるため、利に走ることを厳しく禁じたのである。いわば武士の教育は、この「利」

を排除するために行われていた、といっても過言ではなかったのである。

新渡戸博士が、それを受けて言う。

《もちろん数学の知識は、軍勢を集め、恩賞や知行《ちぎょう》を分配する際には必要だったが、それでも金銭の勘定は身分の低い者に任された。多くの藩でも藩の財政は下級武士や僧侶が管理した。思慮深い武士は誰もが軍資金の意義を十分に知っていたが、それでも金銭の価値を徳にまで高めようとは考えなかったのである。

武士道が倹約の徳を説いたのは事実である。だがそれは経済的な理由からではなく、むしろ節制の訓練のためだった。贅沢は人間を堕落させる最大の敵とみなされ、生活を簡素化することこそ武士階級の慣《ならわ》しであった。それゆえに多くの藩では倹約令が施行されたのだ。（中略）

このように金銭や貪欲さを嫌ったことで、武士道を信奉するサムライたちは金銭から生じる無数の悪徳から免れたのである。わが国の役人が長い間、腐敗から遠ざかっていたのは、ひとえにこのお陰である。だが、悲しいかな、現代においては、なんと急速に金権腐敗政治がはびこってきたことか！》（『武士道』第十章）

プラトンは『国家』という本の中で、権力と富は分離させなければ国家衰亡のもととなる、との旨を語っているが、武士道はそれを実践し、金銭による堕落から武士を切り離していたのである。

ところが、明治になって武士道が廃《すた》れると即座に金権政治が表れ、新渡戸を嘆かせるのである。新渡戸博士が嘆いた「現代」からすでに百年以上を経た今日の日本においては、その勢いはさらに強まり、指導者層にある人々は富と権力を同時に握り、さらにそれを求めんと願う庶民まで、全員これをまねて「拝金教信者」になっているのである。

「人」は教育によって「人間」となる

人間が人間として誇りをもって生きようとするとき、最も大切なものは何か。それは「自信」である、と私は思う。自分自身を信じられなければほかに何を信じるというのか。これは「過信」とは違う。福沢諭吉が説いた「独立自尊」の精神こそ、われわれが立脚する立場なのである。

儒教の最高の徳である「仁」は、「人」と「二」から成り立っているように、その意味は、自己があって他者があるという人間関係の基本の上にある。ゆえに「他者への思いやり」の意味に転じたのだ。別言するなら道徳の基本はまず「自己ありき」で、「自信」とは、その自己がもつ五常の徳（仁・義・礼・智・信）をもとに、誠実、信頼、寛容、勇気などへの義務と責任をともなって生まれてくる。したがって、それらを果たしている者は何に対しても恥じることなく、恐れもない。だからこそ、それらは自己形成の「格」となって「品格」なる言葉が派生するのである。

それを踏まえて、新渡戸博士が語る。

《若者を教育する主たる目的は品格を高めることだったから、抽象的な問題が青少年の頭を悩ませることは滅多になかった。単に博学というだけでは尊敬に値しなかったのである。ベーコン（英国の哲学者）が唱えた学問における三つの効用、すなわち「快楽」「装飾」「能力」のうち、武士道は最後の能力に優先権をあたえた。そして、その能力は「判断と実務処理」を目的として用いたのである。それゆえに公務の処理にせよ、克己《こっき》の訓練のためであるにせよ、教育は実践的な目的をもって行われたのである》（『武士道』第十章）

前述したように、武士道は理論の朱子学に行動を重んじる陽明学が加わって、「知行合一」の精神となった。したがって、ただ知識を振りかざす者は「論語読みの論語知らず」と軽蔑の対象とされ、本物のサムライとは認められていなかった。そして武士は三民の上に立つ支配者階級なだけに、「公人」としての行動美学がおのずから教育の根本に置かれていたのである。

「公人」とは、公のために尽くす人ということである。武士は官吏であるとともに、民の教師であり、裁判官も警察官も、いわゆる今日の公務員の任務のすべてを任されていたために、庶民と同じ自由気ままな行動は許されず、だからこそ幼いときから「公の心」というものを教育されたのである。

その例を司馬遼太郎の『世に棲む日日』（文春文庫版）に登場する吉田松陰に見てみよう。

松陰の生家は杉家というが、次男である寅次郎（松陰の幼名）は親族である吉田家の養子となり、長州藩山鹿《やまが》流師範の家督を継いだ。藩の命令で叔父にあたる玉木文之進が家庭教師につき、松陰はこの先生に五歳のときから仕込まれた。以下、本文を要約する。

――ある夏の日のことである。

教場は野天であった。松陰はいつものように畦《あぜ》に腰をおろして本を開く。文之進が諳《そら》んじていく。その日は格別に熱く、野は燃えるようであった。顔じゅうが汗に濡れ、その汗のねばりに蝿がたかった。痒《かゆ》い。松陰は思わず手をあげて掻《か》いた。これが文之進の目にとまるや、いきなり殴られた。

「寅、奢《おご》ったか。それでも武士の子か」

と、起きあがるなりまた殴られた。ついには庭の前の崖までつき飛ばされた。松陰には、なぜこれほど殴られるのかがわからない。

文之進は、サムライとは何かということを、この幼い者にたたき込んでいくというのが、彼の教育であった。文之進によれば、侍の定義は公のために尽くすものであるという以外にない、というのが持説であり、極端に「私情」を排した。学問を学ぶことは公のために尽くす自分をつくるためであり、その読書中に頬の痒さを掻くということは私情である、というのである。

「痒みは私。掻くことは私の満足。それを許せば長じて人の世に出たとき私利私欲をはかる人間になる。だから殴るのだ」

また、こうも言った。

「サムライはつくるものだ。生まれるものではない」――。

すさまじいばかりの教育である。体罰反対を唱える現代の教育者から見れば卒倒するような場面であるが、しかし、文之進の言う「サムライはつくるものだ。生まれるものではない」との言葉は至言といっていいのではないか。

それは「侍」という言葉を「人間」という言葉に置き換えてみればわかる。すなわち、動物として生まれた「人」は教育によって「人間」になるのである。ここにこそ教育の原点がある。そして、その教育の最終目的は「公のために尽くす自分をつくるため」なのである。

松陰は五歳から十八歳まで、このような家庭教師から教育を受けるのである。だが文之進のこの厳しい教えがあったればこそ松陰は、その人生でいっさいの「私情」というものを考えず、ただ「公」だけを考えて、幕末の輝かしい先駆者として死んでいくのである。

教師役を引き受けた文之進については、司馬遼太郎も少し異常であったと認めているが、「サムライは公のために生きる」との教えは、多くのサムライたちの師弟が厳しく仕込まれた精神だった。

そうした教育の基本が失われた今日、武士に代わって公の職務に従事する人々が、いかに精神的に堕落してしまったか、もはやいうまでもないだろう。

教師とは「人間をつくる職業」のはず

さて、この話は一方で、教育者というものがいかに人に影響を与え、大事なものかを教えてくれている。

たとえば、その松陰だが、彼はご存じのように「松下村塾《しょうかそんじゅく》」で維新の英傑たち（高杉晋作、久坂玄瑞、伊藤博文、山県有朋など）を育てあげたが、この間、わずか二年有余。教育者としても一流だったといえる。弟子たちは、誰もが松陰の情熱と人間性に磁石で吸い寄せられるように魅了された。その一人である中島靖九郎がのちに「吉田松陰と松下村塾」（雑誌『学生』所収）なる文章を残しているので、そこから松陰の教育者ぶりを探ってみよう。

——私の家は萩にあり、先生の塾は郊外の松本村にあった。初めは近所の人から「久坂義助（玄瑞）さんが吉田の塾へ行くので、お前さんも行かしゃらんか」と言われて（中略）、上って待っていたら綿服の粗末ななりをした、目のキラキラした人が出てきて、「お前は本を読むのが好きか」と問うた。それが松陰先生だった。私は入門したい旨を答え、今日はじめて久坂氏を頼って来たことを告げると、「何、久坂を尋ねて来たのか。よし、わが輩が教えてやろう」とみずから『国史略』を開いて熱心に教えてくれた。

ところが先生は字句のことなど声明せず、文章の裏面の意味を語った。知らない文字があってもそんなことは構わぬといった風で、わずか十歳の少年をとらえて国家の大事を説き聞かせた。

一時はあっけにとられ、この先生は奇妙な教え方をすると思ったが、半時あまり講義を聞いている内に、心は先生に吸い取られてしまった。家に帰っても本のことより、先生のキラキラした目と、強い熱い火のような弁舌とが頭の中に往来し、まるで夢心地であった――。

松陰は、眼前のはな垂れ小僧でも将来、一世の義士になるかもしれないとの思いで、少年たちに融《と》けた鉄を頭から流し込むように、全情熱を傾けたのである。

われわれはこの記述により、松陰の教育法がたんに教科書の字面を教えるのでなく、教師として全人格を熱い思いで注ぎ込んでいく姿勢を知ることができる。生徒はそれにより、教師の魂に触れ、それに奮い立ち、共鳴することによって学ぶということの本質を感じ取るのである。

同様のことは、新渡戸博士の『武士道』にも見える。

《教える者が、知性ではなく品格を、頭脳ではなく魂を、ともに磨き発達させる素材として選んだとき、教師の仕事は神聖なる性質をおびる。「私を生んだのは親である。私を人たらしめるのは教師である」との思いで、教育が行われていたとき、教師の受けた尊厳はきわめて高かった。このような信頼と尊敬を若者から寄せられる教師は、当然のことだが人より優れた人格を持ち、学識にも恵まれていなければならなかった》(『武士道』第十章)

なんと崇高な言葉か。いまや誰が、私を人たらしめたるは教師である、などといえよう。そこにこそ教師と生徒のまさに魂を懸けた教育が存在したのである。

人格もなく、学識にも乏しく、ただ「教師」という名のサラリーマンになり下がった労働者には、こうした〝魂の教育〟など無理である。ましてや尊敬などといった言葉が生まれるわけもない。教師の質が落ちたといわれてから久しいが、いかなる社会事情や環境があるにせよ、教師は「人間をつくる職業」であることを肝に銘ずべきではないのか。

戦後の日教組路線は、この聖職者であった教育者をたんなる労働者にしてしまった張本人であるが、その根源はその聖職者を世間と同じような拝金主義者に堕《お》としてしまったことである。

新渡戸博士が、こんな箴言《しんげん》をかかげる。

《精神的な価値にかかわる仕事は、僧侶にしろ、教師にしろ、その報酬は金銀で支払われるべきものではなかった。それは価値がないからではなく、価値では計れない価値があったからである》(『武士道』第十章)

かつて教師が聖職者と呼ばれた理由はここにある。人間を教育するという崇高な仕事は、一般の生産者とは違ってそれに値する者が就かなければならなかったのである。

だが、残念なことに、戦後の教師たちは自らを労働者と規定し、ほかの職業人と同じように「利」に走り、賃上げ闘争を組んだときから、聖職者としての地位を自ら捨てたのである。

同時にそこには、教師に対する尊敬も感謝もなくなり、「人格を磨く」という魂の教育は受験のための教育へと変わり、〝受験被爆病〟ともいえる奇妙なエリートをつくりあげてしまったのだ。もちろん、そうしたのは教師だけの責任とはいわないが、人間を教育する職業を自ら選んでその立場にいる以上、やはりその責任は重いといわざるを得ない。

「身を修める」人格形成の重要さ

かつての〝美しき日本人〟が存在したときと現在をくらべてみて、最も違ったのはこの教育（学問）ということではなかったか。私にはそう思えてならない。

学問の本質あるいは教育の心髄というものは、けっして受験のための知識を修得することではなく、社会人としての〝公の精神〟を身につけ、それゆえの人格を磨くためにあった。それは福沢諭吉が唱えた「自分にて自分の身を支配し、他によりすがる心なきこと」という独立自尊の精神だった。

福沢は、個人の独立があってこそ国家の独立はある、といった。もちろん一国の運命を左右するのは政治である。だが、どのような立派な政治家が登場して理想的な政治目標をかかげたとしても、それを実際に運営するのは行政官、つまり役人である。換言すれば行政官（役人）の資質にこそ、一国の運命は握られているともいえる。だからこそ、武士道はその行政官たる武士に厳しく、「公人の思想」を説き、治世の訓として「人の倫」を遵守させ、庶民の模範となることを求めたのであった。

とはいえ、いかなる治世の思想があったにしても、それは個々人の徳が守られてこそうまくいくのであって、その基礎は福沢の言うように国民にある。国民一人ひとりが自分の本分を知り、独立心をもって徳を守らなければ、平和な社会など築けないのである。

そこで江戸期の武士は教育の基本として、儒教の『大学』にある有名な「修身斉家治国平天下」の思想を、個人の戒めとして人格を磨いたのだ。読み下し文で記す。

「古《いにしえ》の明徳を天下に明らかにせんと欲する者は、まずその国を治む。その国を治めんと欲する者は、まずその家を斉《ととの》う。その家を斉えんと欲する者は、まずその身を修む」

遠き昔、英明な徳を天下に明らかにしようとした者は、まず一国の明君としてその国を平安に治めた。一国を平安に治めようとした者は、その前に一家の長としてその家族をよくまとめた。家族をよくまとめようとした者は、それよりも前に自らを律し修めた、との意味である。

要するに、天下の徳は個人の〝身を修める〟という人格形成が基本であり、ここから「修身」なる言葉が重要視されたのである。

では、身を修めるためにはどうすればいいのか。『大学』の文章はさらに「格物致知誠

意正心」と続く。読み下し文では、

「その身を修めんと欲する者は、まずその心を正す。その心を正さんと欲する者は、まずその意を誠にす。その意を誠にせんと欲する者は、まずその知を致す。その知を致すは物を格《ただ》すにありき」

となる。つまり、自らを律し修めようとした者は、それに先だって自分の心を正しくした。自分の心を正しくしようとした者は、さらにその前に自分の意志を誠実にした。自分の意志を誠実にしようとした者は、さらに先だって自分の知識や智恵を明晰にした。知識や智恵を明晰にする方法は、物事を正しく受け止めることにあった、との意味である。

以上『大学』では、天下を平安にする徳として「修身・斉家・治国・平天下」「格物・致知・誠意・正心」の八項目をならべている。このうち「格物」から「正心」までは、己の徳を磨くことについて語り、それを基礎として「修身」から「平天下」までは人を治める徳について語っている。その単位は「国」「家」「個人」であるが、その中心はあくまで「修身」である。

だから『大学』は、この文章をこう締めくくるのである。

「天子よりもって庶人にいたるまで、いつにこれみな身を修めるをもって本《もと》と為す。その本乱れて末（国家）治める者は、否《あら》ず」

福沢諭吉はこれを「一身独立して一国独立す」と言い換えたが、人の世がよくなるのも悪くなるのも、すべては国民一人ひとりの「修身」にかかっているということである。

「公人」たる義務を遂行したかつての武士たち

武士道がいつも「身を慎め」「己を磨け」といっているのは、この修身の思想がなければ国家の治安は守ることができないと考えたからだ。だが、これはなにも武士社会に限られたことではない。いかなる社会形態にあっても国家の基礎は国民であり、その国の平安は国民の修身（自律心といってもよい）にかかっている、ということなのである。

江戸時代の武士は、よくこれを守り通した。いかに武士道が武士たる理想像を述べたものであっても、その理想像に近づこうと、貧しいながらも金銭的誘惑に負けることなく、正義を重んじ、武士の情けをもって、不正や名誉のためには死をも恐れない精神を築き上げたのであった。まさに武士道の気概は〝痩我慢〟によって支えられたといえる。

だが、振り返ってみて、今日われわれは人間として「美しく生きよう」といった意志や、

「正義を貫く」といった気概はあるだろうか。あるいは己の美学のために痩我慢をして生きているだろうか。周囲を見渡すかぎり、とても「イエス」とはいえない。

とくに現代の武士階級にあたる政治家・役人・教師たちの精神態度はどうか。国民の見本となるような〝公の思想〟で生きているか。義勇を重んじ、清廉潔白な生活をしているか。すべてが「ノー」である。

それどころか、政治家は理想を失って私利私欲のために権力と金力にしがみつき、国家官僚は利権を確保するための縄張り争いと保身のためにだけうごめき、自らの失敗も責任転嫁して知らん顔をしている。地方公務員も市民をないがしろに自庁舎だけを立派なものにし、姑息《こそく》な手段で税金にたかっている。みんな独立どころか〝他人のふんどしで相撲をとる〟ような輩《やから》ばかりである。そしてまた教師たちは、「師の精神」を忘れ、学校を〝いじめの現場〟としながら、これまた責任逃れだけに奔走している。そこには武士道の美風など一片もなく、権力にあぐらをかき、わが身の保身だけに汲々《きゅうきゅう》としている、薄汚れた名ばかりの〝公僕〟が存在するだけだ。

思えば現代社会のなかで、直接、生産性のない職業に就いているのは、国民の税金からその給料を支払われている人々、つまりその多くは政治家と公務員と教師である。いわば彼らはかっての武士にあたる。武士ならば、その判断基準は「義」にあり、個人的な利益の追求は埒外《らちがい》にあったはずだ。武士道が教えてくれたように「義」は国家安定の要である。る。利欲に走り、正義を忘れた国家が衰亡の一途をたどった例は先に述べた通りである。その要《かなめ》を遵守すべき立場の彼らが、マスコミ報道をにぎわすような悪業を重ねているようでは、何をかいわんや、である。いわば日本の伝統的精神であった武士道精神の喪失が、今日の精神的頽廃をもたらした、といわざるを得ない。

こうした彼らを見るとき、「武士は食わねど高楊枝」と揶揄されながらも、利に惑わず、公人たる本分を貫き通した武士に、私は頭の下がる思いと〝桜花〟のようなすがすがしさを見るのである。

終章

武士道は日本民族の文化遺産である

日本人の知性と道徳は武士道の所産

武士道は、すでに何度も述べたように、もともとは戦場を駆けめぐるサムライたちの「武人の心得」として誕生した。だが、その精神は江戸時代に入って平和な時代が続くと、儒教精神とあいまって社会秩序を維持するための「武士の心得」へと変わっていく。これはサムライ自身の基本的な役割が「武」から「士」へと移行したためである。

「士」とは、現代流にいえば為政者側の「役人」のことだ。だからその「士」となった武士は、幼少から「公人」としての教育を受け、同時にそれは、庶民の模範となる「師」としての厳格な精神をもつことが義務づけられたのである。

こうした「武」から「士」への移行は、関ヶ原の合戦のあと、三十年経った将軍家光のあたりから芽生えはじめた。当時、近江聖人といわれた中江藤樹（日本陽明学の開祖）は、「侍たるものが儒教をそしり、儒学をするは士のわざならずなどといえるは、まことに無下に無案内なることとなれば、其恥じを知るべし」（『翁問答』）と、いち早く説いている。

それまでの武士は、武術の訓練だけして、学問や詩歌を学ぶことは武士にあるまじきものとされていたのだが、ここから「文武両道」が叫ばれるようになるのである。

この立場を踏襲したのが、前に紹介した兵学者の山鹿素行であった。その彼が兵法論より「志道論」を展開したのである。というのも、山鹿の活躍した家綱・綱吉時代は江戸期でも最も安定した時代で、すでに兵法論など必要がなくなっていたからである。

平和な時代ほど武人(軍人)の肩身が狭い時代はない。すでに将軍家の威光は天下に鳴り響き、戦のない歳月が長くなればなるほど、武士はいやおうなく己の存在理由に疑問が生じてくる。いったい、自分たちの職分とはなんなのか。庶民が汗水垂らして働いているのに、武士はただ武士というだけで支配者層にあぐらをかいていていいのか。そうした忸《じく》怩《じ》たる思いが武士たちの間で充満した。

その疑問に応えたのが山鹿素行だったのである。

「農・工・商にたずさわる人々は、日々の仕事に忙しく〝人の倫〟など尽くし得ない。だが、その民に食わせてもらっている武士には、そうした口実はゆるされず、義の実現に力を尽くし、農・工・商の三民の手本となって、彼らが平和に暮らせるように、この秩序を守り抜くことこそ本分なり」(『山鹿語類』)

この言葉はそっくりそのまま現代の為政者に与えたいものだが、かくして江戸時代の武士は、政治家・行政官であるとともに庶民の模範となって、自己の修養を重ね、儒教道徳の修養はもちろんのこと、その実践者たらん道を選んだのだ。

もちろん武士道は、それを実践する武士階層だけのものでは終わらなかった。その精神が〝人の倫〟として尊ばれるようになると、一般の庶民にもさざ波が押し寄せるごとく普及した。人間としての〝人の倫〟に武士も町人も農民も区別はないからである。

この武士道精神を見事に思想として体系づけた新渡戸博士は、高らかに宣言している。

《太陽が昇るとき、まず最初にもっとも高い山の頂を紅に染め、やがて序々にその光を中腹から下の谷間に投じていくように、初め武士階級を照らしたこの武士道の道徳体系は、時が経つにつれて、大衆の間にも多くの信奉者を引きつけていったのである。（中略）
だからこそ、サムライは日本国民全体の「美しき理想の姿」となり、「花は桜木、人は武士」と俗謡に歌われたように、大衆のあこがれの的となったのである。
そしてまた、武士階級は営利を追求することは禁じられていたため、武士が直接、商売の手助けをするということはなかった。だが、いかなる人間の活動にも、どんな思考の方法にも、サムライが遵守した武士道精神から影響をうけないものはなかった。日本人の知性と道徳は、直接的にも間接的にもサムライ自身がつくり上げたものだったといえるのである》（『武士道』第十五章）

博士は、武士道が日本民族全体の〝美しき理想〟となり、日本人の知性と道徳は、それらの所産だったとまで言い切るのだ。

だが、この絶賛とも思える叫びは、裏を返せば、明治も中期に入り、日本人から伝統的精神が薄れ、西洋文明に耽溺《たんでき》する風潮に対する、博士の悲痛な叫びとも受け取れるのである。

同時に私は、この叫びこそ、戦後七十余年を経てますます欧米化してしまった現代日本人への警鐘と受け止めている。日本人の精神はどこへ行ってしまったのかと……。

〝人の倫〟を教えない不思議

どうして、今日の日本人は「名誉」も「礼節」も死語となるような、あるいは国民全体が「義」も「仁」も忘れ、「利」のみに奔走する国民になったのであろうか。

そうした根本原因を改めて考えるとき、私はどうしても先に述べた「自分を磨く」という意味の「修身」の思想が、戦後の社会から消えてしまったからではないのか、と思わざるを得ない。

修身とか道徳という言葉を出すと、すぐさま右翼的とか保守的とか批判されるのが常だが、私にはなぜ、人が人として守らねばならない〝人倫の道〟を厳しく教えないのか、そのほうがよほど不思議である。

たしかに、あの敗戦は、あらゆる意味で日本人を変えてしまった。それはあたかも、江戸から明治に変わったときと同じような大変革をもたらした。いや、それ以上だったといえるかもしれない。明治期は「文明開化」といっても日本人の手によって改造されたが、戦後の日本はGHQ（連合国軍総司令部）による大改造だった。いわゆる「民主主義革命」である。

学校教育の改造もその一つだった。GHQは日本を軍国主義へ駆り立てた元凶を学校教育だと考え、そのなかでも、とりわけ「修身教育」をヤリ玉にあげた。

日本人もアメリカに負けたことから、「精神」より「物質」だということで、修身教育で培われた精神主義を唾棄《だき》し、物質主義こそは幸福への道と、国家をあげてそれに邁進《まいしん》することになった。そして、その反動として、ここから戦後日本人の道徳アレルギーが始まり、修身教育の否定とともに、人間が本来、行動の規範として守らねばならない「道徳」

まで、好ましくないものとして捨ててしまった。〝民主主義〟という美名のもとでは、過去の日本人が営々と築き上げてきた美しき伝統的な道徳観念すら、陳腐なものとして映ったのである。

福沢諭吉が生きていれば、おそらくこの現象を「精神の植民地化」と嘆いたことであろう。なぜなら、これとまさしく同じ状況が日本の歴史にあったからである。あの明治維新だ。あのときも、人々の生活を律してきた価値観の崩壊という点においては、第二次世界大戦後の社会状況と同じだった。

明治政府は西欧列強と伍《ご》するために「富国強兵」を目標とし、その思想として「文明開化」を標榜した。これが戦後の民主主義にあたる。このとき、最も打撃を被ったのは、幕藩体制のもとで支配者階級にあった士族たちだった。彼らは頼るべき職場を失い、価値観の大変革を余儀なくされて動揺した。

だが、戦後と違ったのは、そこにいまだ〝美しき日本人〟の伝統的精神を貫こうとする啓蒙家たちが存在したということである。その代表が福沢諭吉や山岡鉄舟であり、新渡戸稲造や内村鑑三らであった。彼らは価値観をなくした士族たちに向かって、はっきりと行動指針を打ち出した。それが前出の「明治武士道」の復活だったのである。

福沢が言う。

「下士もまた上士に対して旧怨《きゆうえん》を思わず。双方ともにさらりと前世界の古証文《ふるしようもん》に墨を引き、今後、期するところは、士族に固有する品行の美なるものを存して、ますますこれを養い、物を費やすの古吾《こご》を変じて、物を造るの今吾《こんご》と為し、あたかも商工の働きを取って士族の精神に配合し、心身ともに独立して、日本国中の文明の魁《さきがけ》たらんことを期望（希望）するなり」

この一文は、明治十年（一八七七年）、福沢が自分の出身藩である中津藩（大分県）の動揺する藩士に対して、新しい生き方を示したといわれる『旧藩情』に見られるものだ。「前世界の古証文に墨を引き」などというところは、戦後の教育改革で、それまでの教科書に墨を塗ったところと符合する。

だが、福沢はそう言いながらも、過去のいっさいを否定するのではなく、これまで武士が培ってきた〝品行の美〟をますます養うべきだと説いたのだ。そして、これまで非生産者として消費するだけの生活を変えて、今後は、物を作る生産者となって、その活動に武士道の精神を吹き込み、経済的にも自立して、新しい日本国家の文明をつくるさきがけとなることが、士族の生きる方針だと、提唱したのである。

いうなれば福沢は、没落した士族に向かって、たんに経済主義の発展を推進するだけではなく、そこに日本人としての「士族に固有する品行の美」（つまり武士道）を保ち続けて、文明国家の先兵になれ！　と言ったのだった。ここが〝品行の美〟を捨ててしまった戦後と大いに違うところである。

同様のことは、新渡戸博士も述べている。

《日本に荒波のように押し寄せてきた西洋文明は、すでにわが国古来のあらゆる教義の痕跡を拭い去ってしまったのだろうか。一国の国民の魂がそんなにも早く死滅するとあれば、それは悲しむべきことである。外国からの影響にいともたやすく屈従してしまうとすれば、それは貧弱な魂だったといわねばならない。（中略）

仮に武士道が物理的な力にすぎなかったとしても、過去七百年の間に営々と築き上げてきた勢いを、いとも簡単に停止することなどありえないであろう。たとえそれが遺伝によってのみ継承されたとしても、その影響は確実に広範な範囲に広がっているはずである。（中略）武士道は、無意識の抵抗できない力として、日本国民その一人ひとりを動かしてきた》（『武士道』第十六章）

明治期の心ある人々はこうして、かろうじてであったにせよ、品行の美の原点であった武士道を残したのである。いま、われわれが現状をかえりみて精神の荒廃を憂えるなら、こうした明治人の教えを再考し、素直に受け止めるべきではないのか。もはやわれわれはいかに物質的に豊かになろうと、けっしてそれが精神的な幸福をもたらさなかったことを知っているのだから。

「仁の心」と「義の心」のある社会を

とはいえ私は、なにも戦後の物質主義をすべて否定しているわけではない。焼土と化したあの状況のなかでは、まず食べることが先決であり、豊かになることこそ目標であった。われわれの子供時代とくらべて、現代の生活がいかに豊かで便利になり、幸福感をもたらしてくれたかも認めている。

だが、それを認めた上で言いたいのだ。もうそろそろ経済至上主義といわれる物質中心主義から脱皮して、心の豊かさを求める精神主義を見直したらどうかと。道徳や倫理といった、人が人として保たなければならない精神を、いま一度、考え直してはどうかと。

前にも述べたが、戦後、欧米から受け入れた科学的合理精神は、究極のところ「損得勘定」だった。どっちが得かの相対的な価値判断だった。功利主義（能率主義）も生産主義も管理社会もそこから生まれた。だがこれは、数字に表せない大切なものを評価せず、不合理なもの、無駄なものを、すべて排除した。生産者でなくなった老齢者たちが社会からも家庭からも疎外され、安心して老後を迎えられないのは、この価値観に起因している。今日の功利主義でいえば老齢者は役に立たない人間と見られているからだ。また、弱い者をいじめる構造があるのもこのためである。

だが、誰が考えても、こんな価値観は間違っている。なぜなら、それはかつての賢人たちが説いた〝人間社会〟ではないからだ。

儒教は人間の最高の徳として「仁」を置いた。他者に対する思いやりである。これが普遍化したのが〝公の精神〟である。そして武士道はその支柱に「義」を置いた。正義がなければ悪が栄え畜生社会となるからだ。「仁の心」と「義の心」、これらは人間が健全な社会を構成するときの、最も大切な二大要素だったからである。

だが、戦後の功利主義は、そうした「思いやり」や「正義」よりも、人間の欲望を増長させる「利益」の追求に主体を置き、「便利」であることを至上の目的として高度の文明社会を築いた。だが、それはたんなる〝欲望社会〟にすぎなかったのである。

しかし、その結果はどうだったのか。われわれは本当に幸せを得たのか。心安らかな社会を築き上げたのか。充足感に満ちた生活を得ることはできたのか。心優しき人であればあるほど、その答えは「ノー」だろう。いや、それらはたんにわれわれ社会だけの問題ではない。目を大きく見開けば、人類の存続が危ぶまれる地球全体の環境問題として、いまわれわれの上に襲いかかっているのである。

未来を生きていく若者たちへ

それらの諸問題を考えるとき、私にはその遠因が、科学的合理主義という価値観と、それに付随する功利主義的発想が、あくなき便利さと快適さを追い求め、自分たちだけがよければよしとする思いやりのない傲慢さが生みだした結果だった、と思わずにいられないのだ。

もちろんその最悪の惨禍は、東日本大震災の大津波に端を発する東京電力福島第一原発のメルトダウン事故であろう。首都東京までが放射能汚染され、日本という国家が滅亡しようかという瀬戸際でありながら、企業の損得をあくまで至上とする東電経営陣は最後の最後まで原子炉の存続を図り、海水の注入による炉の冷却をためらった。まるで守銭奴、餓鬼道に堕ちた人間たちの所業としか私の目には映らなかった。

一方で、東日本大震災では、ごく普通の日本人の礼節に満ちた行動が世界から賞賛された。避難所で炊き出しの列に一糸みだれずに並ぶ被災者たちの姿が外国の報道陣によって世界に報告され、日本人の民度の高さがあらためて証明された。東電の経営陣の愚劣さと東北の被災者たちの気高さの対照は、その後も強く印象づけられている。

またごく最近も、東京・築地市場の移転問題で、あらたに豊洲に設けた新市場に大きな懸念があることが明らかになった。東京都の小役人たちが虚偽の報告をし、「充分な盛り土をほどこしたので安全性に問題はない」と公式に発表していたのである。この一事も、かつての日本人が有していた「恥」の感覚、「名こそ惜しけれ」の精神とはまるで対極の所為だといえよう。

また、戦後社会は、その便利さと快適さを追い求めて数多くの化学製品を発明したが、それらは環境ホルモン、ダイオキシン、フロンガスなど人類ばかりか地球上に棲息《せいそく》するすべての動植物に悪しき影響をもたらしている。科学万能社会と豪語したものの、その実態は、目先の便利さは与えてくれたが、それが地球にあるいは人類にどのような結果をもたらすかまでは予測できなかったのである。

一つだけ実例を示そう。

たとえばフロンガスである。このガスはいまから八十余年前、アメリカのトーマス・ミッジリーという人物によって発明された。このとき文明諸国は「二十世紀最大の発明」として絶賛した。それはフロンガスが人体に無臭・無害で、安全とされたからだ。

事実、この発明品のおかげで人々の生活は一挙に便利になった。冷蔵庫の普及率が高まり、それによって食品の保存と流通が経済構造を一変させた。各種のスプレーや自動車のクーラー、あるいはコンピューターの洗浄剤としても使用され、いわゆる〝文明の利器〟の根底を支える物質として不可欠のものとなった。われわれもその便利さを享受した一人である。

だが、ご存じのように、この「二十世紀最大の発明」は「二十世紀最大の危険物」だったことがわかったのだ。たしかに人間には直接的には無害であったが、これが地球から離れた成層圏に入ったとき、このガスは化学反応を起こして、オゾン層を破壊する悪魔の物質に変わっていたのである。その結果、太陽からの紫外線がダイレクトに地球上に達し、皮膚がんの元凶となっているのだ。現在、オーストラリアとニュージーランド政府は、「子供たちは十五分以上直射日光をあびてはならない」という政令を出しているほどである。いや、人間ばかりでなく地球上に住むあらゆる生命に危機を与えているのである。

文明の利器がもたらす環境汚染は、もちろんこれだけではない。もはや文明諸国においては不可欠となっている自動車、あるいは火力発電で使用する石油、それらから出る炭酸ガスは地球の〝温室効果〟の原因とされ、これまた異常気象として地球の生態系を崩しはじめている。

あるレポートによれば、地球上に住む人類は二〇三〇年頃（あとわずか十四年）には、その生存がきわめて困難になるだろう、と報告している。いまや、われわれは便利さと快適さに引き換えて、頭上から〝天罰〟が下っているのである。すべては西欧から芽生えた科学合理主義を、これが〝豊かな生活〟だといわんばかりに、利益追求の手段として物質化した経済至上主義のたまものである。

いまでも日本は、翳《かげ》りが見えるとはいえ経済大国だと自負しているが、こうした自負は地球という限りある資源を費やし、地球破壊の主要メンバーであることを証明しているようなもので、けっして自慢できることではないのだ。

それもこれも、ひいてはわれわれ現代人の限りない欲望と傲慢さからくるものである。本来、日本人がもっていた東洋思想は、生きとし生けるものすべてが共生し、自然と人間の調和の上に成り立っていたはずだ。西洋人のように山を切り崩して人工的な公園を造るよりも、その山の姿を〝借景〟として利用する智恵をもっていた。それは山に植わっている一本の木にも、野辺に咲く一輪の花にも、生命が宿っていることを知る〝思いやり〟があったからだ。

だが、われわれはいつの間にか、先人が残してくれた智恵を忘れ、人が人として守らねばならなかった道徳ですら片隅に追いやってしまった。人間をつくり、社会を築くには「かくあるべし」との「意志」をもつことだと前に述べたが、これからは、その意志をもって我欲や驕《おご》りから脱却しなければならないときを迎えているのである。

かけがえのない地球を守るためにも、荒廃した現代社会をうるおいのある社会に変えるためにも、いま一度われわれは、すべてのものに対する思いやりの「仁」と、不正を許さない「義」と、すなわち日本人の文化遺産といえる「武士道の精神」を再評価してもいい時期にきているのではなかろうか、と思うのである。

若者たちが生きていく未来において、〝人間らしく〟住める地球に保つためにも……。

おわりに

本書は、平成十二年（二〇〇〇年）に上梓した『いま、なぜ武士道か』（致知出版社）を全面的に見直し、さらに考察を深めて改稿を加えたものである。とくに新渡戸稲造博士の『武士道』の引用文は、その後に刊行した拙訳書から引いている。

この十六年で日本および日本人を取り巻く世界情勢は大きく変貌したが、どんな情況にあっても日本人が忘れてはならない矜持は変わらないと、私はあらためて痛感している。これからの日本を牽引する主役となるのは、間違いなく若い世代である。彼ら彼女らが本書に巡り合い、たとえ斜め読みでもよいので「武士道」の素晴らしさに目を開いてもらえたら、著者としてこれ以上の歓びはない。

◉著者について
岬 龍一郎（みさき りゅういちろう）
1946年生まれ。作家・評論家。早稲田大学を経て情報会社・出版社の役員を歴任。退職後は著述業のかたわら、人材育成のための「人間経営塾」を主宰。国家公務員・地方公務員幹部研修、総務省・人事院主催国家公務員合同初任研修講師、法務省矯正局、各地青年会議所（ＪＣ）、大手企業研修などの講師を務め「人の上に立つ者の人間学」を説いている。現在30～40代を中心対象に全国10カ所以上で「岬塾」を開催している。著書に『内村鑑三の「代表的日本人」を読む』（致知出版社）、『欲しがらない生き方』（角川パブリッシング）、『人は徳のある人に従いてくる』（主婦の友社）、『日本人のＤＮＡを創った20人』（扶桑社）、『新渡戸稲造の人間道』『人の上に立つ者の哲学』『学問のすすめ』『新訳　一日一言』、訳書に、新渡戸稲造『武士道』、佐藤一斎『現代語抄訳　言志四録』、『新訳　老子』『現代語抄訳　論語』（以上ＰＨＰ研究所）など、多数がある。

ホームページ「岬 龍一郎.jp」
www.ryuichiro-misaki.jp/

武士道《ぶしどう》
日本人《にほんじん》であることの誇《ほこ》り

◉著者
岬《みさき》 龍一郎《りゅういちろう》

◉発行日
初版第1刷　2016年10月20日

◉発行者
田中亮介

◉発行所
株式会社 成甲書房

郵便番号101-0051
東京都千代田区神田神保町1-42
振替00160-9-85784
電話03(3295)1687
E-MAIL　mail@seikoshobo.co.jp
URL　http://www.seikoshobo.co.jp

◉印刷・製本
株式会社 シナノ

Printed in Japan, 2016
ISBN978-4-88086-346-7